LES OEVVRES
DE
N. FRENICLE, CONSEILLER
DV ROY ET GENERAL EN
ſa Cour des Monnoyes.

A PARIS.

Chez IEAN DE BORDEAVX, Imprimeur
& Libraire, demeurant deuant le Palais,
au Lyon d'Argent.

M. DC. XXIX.

AVEC PRIVILEGE DV ROY.

PREFACE.

L'Ingratitude du siecle n'a pas encore refroidi tous les espris; plusieurs ne laissent pas d'aimer l'exercice de la vertu, & les hommes sauans n'ont pas perdu le desir de profiter au public lors qu'ils ont vu rauir l'esperance d'en estre récompensez; le bel art des vers ne s'est point aneanti quand la fortune a cessé de lui estre fauorable; il a surmonté les injures d'un grand nombre de siecles, & bien que ceux qui s'adonnent à la poësie ne soient plus éleuez aux honneurs par la consideration de leur merite, & que les Rois, s'il est permis de parler de la sorte, ne les fassent plus monter sur leur trosne pour les assoir auprès d'eux; neantmoins on en trouue encore plusieurs qui font des vers, & qui plus amoureux de la gloire que des biens que donne la Fortune se retirent dedans la solitude pour vaquer à ce bel exercice: entre lesquels bien que je sois le moindre je ne

PREFACE.

laisserai pas de presenter mes vers au public; le seuere regard des censeurs ne m'étonnera point; qu'ils recherchent mes fautes tant qu'il leur plaira, s'ils me reprennent auecque animosité, quelle peine en receurai-je sinon de déplaire à mes ennemis ? quoi qui puisse arriuer de l'impression de mes œuures je ne me repentirai jamais d'y auoir publié les diuines actions de LOVIS LE JVSTE; les Himnes des Princes, de la Fortune, & de la Victoire me donneront toute ma vie la satisfaction d'auoir honoré la vertu de tout mon pouuoir; si les enuieux ne sont point retenus du respec des sujets que j'y traite qu'ils soient déclarez ennemis des noms les plus illustres qui soient au monde; que la Iustice prenne vangeance de leur témerité, & que rongez eux mesme du monstre qu'ils nourrissent ils voyent perir leur impudance auecque eux dans un mesme naufrage.

A N. FRENICLE, CONSEILLER
du Roy en sa Cour des Monnoyes.

SVR SES HYMNES.

QVE la Muse te fit heureuzemant penser
    Quand a ces Himnes-ci ton esprit donna l'estre ?
Tant de Divinités que l'on i voit paresse
Ne cesseront jamais de t'en récompenser.
Ton nom sera chéri des PRINCES de la Gaule ;
    A ton gré la FORTUNE amplemant te rira,
    La CONSTANCE pour toi si bien l'afermira
Que jamais ton bon-heur ne verra son espaule.
La VICTOIRE mettra ces ennemis a bas
    Qui jugeront tes vers selon leur fantaizie ;
    La RICHESSE luira dedans ta POEZIE
Si bien qu'a l'infini le Docte en fera cas.
FRENICLE, puis apres la grande RENOME'E
    Donnera tes écris a l'Immortalité ;
    Ils seront leus par tout, & la Postérité
Ta SCIENCE verra par le monde semée.

                      L. MAUDUIT.

A N. FRENICLE, SVR SES
dernieres œuures.

IE ne m'estonne point que les plus beaus esprits
Soient ravis des douceurs de tes derniers escrits,
Et que par tout le monde on admire tes veilles ;
Esprit qui de l'oubli sauue les noms des Rois
Si tu ne fezois pas tous les jours des merueilles
Se seroit de cela que je m'étonnerois.

                      I. C. VILLENEUVE.

SVR LES OEVVRES DE N. FRENICLE.

SONNET.

Déesse du sçauoir, fille de la Memoire,
Muse, dont l'art diuin triomphe du tombeau,
FRENICLE par ses vers rallume le flambeau,
Et redresse l'autel de ta premiere gloire.

Son nom est adoré de l'ame la plus noire,
Et la France au leuer de cet Astre nouueau,
De tout ce que la Grece a jamais fait de beau,
Peut auecque raison esperer la victoire.

Sa vertu seule a part aux honneurs qu'on luy rend,
Quoy que pour le loüer nos vers disent de grand,
Ils n'adjouteront rien à l'eclat de son liure.

Et si mon nom paroist en ce celebre lieu,
C'est que je suis certain qu'il doit le faire viure,
Et que tout est sacré dans le temple d'vn Dieu.

GODEAV.

A LVY MESME.

Les fruits que ta muse nous donne,
Ornent ton chef d'vne couronne,
Qui t'esleuant sur les mortels
Fait qu'icy bas on te doit des autels,
Car te voyant dans le siecle ou nous sommes
Si parfait au dessus des hommes,
Il faut croire que tous les Dieux
    Ne sont pas dans les Cieux.

C. MORIN.

EXTRAICT DV PRIVILEGE
du Roy.

PAR grace & Priuilege du Roy, il est permis à Iean de Bordeavx, Imprimeur & Libraire à Paris, d'imprimer vn liure intitulé, *les œuures de N. Frenicle, Conseiller du Roy & General en sa Cour des Monnoyes*, Et deffences sont faites a tous Imprimeurs, Libraires, & tous autres personnes de quelque qualité & condition qu'elles soient, de faire imprimer, vendre & debitter ledit Liure, sans le consentement & permission dudit de Bordeavx, pendant le temps & espace de six ans, à commencer du jour qu'il sera acheué d'imprimer : à peine de confiscation des exemplaires, & d'amande arbitraire, & de tous despans dommages, & interests, ainsi que plus au long est contenu audit Priuilege. Donné à Paris le 29. jour de Ianuier 1629.

Par le Roy en son Conseil.

Signé,   Le Seiller.

Acheué d'imprimer le 15. de Mars 1629.

Fautes en l'impression des Himnes, & des Elegies.

Page.	Vers.	Fautes.	Corrections.
23	6	des	de
27	3	fameux	doctes
30	12	suiuoint	suiuoient
41	18	d'uue	d'une
60	15	coup	camp
63	6	Neneides	Nereides
109	14	qu'elle	quelle
110	12	qu'elle	quelle
176	15	nus	nous
177	7	hppocrene	hippocrene
228	7	saire	faire
249	1	car	c'est

Apres la page 120. on s'est abusé au chiffre, ayant mis 141. pour 121.

LES HIMNES
DE N. FRENICLE.

L'HIMNE DES PRINCES
PRESENTE' AV ROY.

ARGVMANT.

LA Nature ayant horreur de la malice des hommes va trouuer Iupiter pour le prier d'y mettre ordre, & de ranger chacun en son deuoir : Elle est exaucée, & Iupiter lui découurant les choses a-venir luy fait voir la suitte de tous les Rois qui deuoient gouuerner le monde; LOVIS LE IVSTE paroist entre eux comme le plus grand des Princes, & sa splendeur efface la memoire de toutes leurs actions.

Qve ferai-je paresstre au front de cet ouurage?
Et que puis-je trouuer qui brille dauentage
Que le nom de LOVIS *le plus Victorieux*
De tous les Potentas qui viuent sous les Cieux?

A

Par lui je veux finir, & par lui je commance,
A ce coup mon Genie éprouue ta puissance ;
Filles de Iupiter qui m'inspirez des vers
Que vos tresors me soient maintenant découuers,
Et par tant de faueurs enrichissez ma veine
Que je puisse charmer les Nimphes de la Seine,
Et qu'arbres, & rochers touchez de ses apas
Suiuent pour m'écouter les traces de mes pas :
C'est pour ceux dont le front porte le diadême
Que d'une viue ardeur j'entreprends ce poême ;
Apprenez-moi d'où vient leur pouuoir absolu,
Et pour quelles raisons le Destin a voulu
Qu'étans dãs l'vniuers plus grãds que nous ne sommes
Ils fussent établis dessus les autres hommes,
Et placez ici bas dans un si digne lieu
Que nous voyons en eux la Majesté de Dieu.
  Vous qu'on doit preferer à tous les autres Princes,
Non tant pour la grandeur de vos riches Prouinces
Que pour tant de vertus dont vous estes paré ;
Monarque sans pareil digne d'estre adoré ;
Race de mille Rois ou tout bonheur abonde ;
Inuincible LOVIS le plus juste du monde
Auoüez d'un clin d'œil le dessein de ces vers,
Et comme le premier des Rois de l'vniuers
Receuez cet ouurage où pour chacun j'étale
Aux yeux de vos sujets la puissance royale :
Mais laissez pour un temps l'auguste majesté
Qui brille autour de vous ainsi qu'une clairté ;

LES HIMNES.

Car estant ébloui d'une pompe si grande
Ie ne pourois jamais vous faire mon offrande
Ainsi notre Apollon parut sans sa splendeur
Alors que Phaëton d'une pareille ardeur
Entra dans son Palais, & tout rempli d'audace
Voulut sauoir de lui s'il étoit de sa race :
Ie sçai que mon dessein est trop audacieux,
Et que je ne suis pas assez ingenieux
Pour traiter dignemant une chose si haute,
Mais quand il seroit vrai que je fisse une faute
Qu'on ne pust expier sinon par le trépas,
Ie trouue à vous louër de si charmans apas
Qu'il n'est point de rigueur dans la mort la plus rude
Qui pust me détourner d'une si douce étude.
En vain de toutes parts les esprits enuieux
Me viendront controller d'un soin malitieux,
Ie les mépriserai quoi qu'ils me puissent faire
Pourvu que mon ouurage ait l'honneur de vous plaire.

 Déja le cours des ans ostoit le souuenir
De ce temps malheureux que Dieu voulut punir,
Et perdre dedans l'eau l'injustice du monde
Abismant en fureur les montagnes sous l'onde,
Et le peuple sans bride au pillage adonné
Dedans ses cruautez demeuroit obstiné,
Aucun ne s'assuroit dedans son heritage,
Quiconque étoit plus fort il auoit l'auantage,
Tout ordre étoit bani, l'injustice régnoit
L'orfelin dépouillé vainemant se plaignoit,

A ij

Et suiuant son ardeur l'imprudente jeunesse
Méprisoit les conseils que donnoit la sagesse.
La Nature voyant que le vice impuni
Avoit des cœurs humains toute vertu bani,
Boüillante de colere, & de douleur atteinte
Se résolut d'en faire à Iupiter la plainte,
Et sans plus differer dessus son char monta
Chef-d'œuvre qu'autrefois Vulcan lui présenta
En échange du feu qu'il avoit receu d'elle
Depuis qu'il fut chassé de la troupe immortelle,
Et que s'étant montré d'un art ingenieux
Il eut la qualité de forgeron des Dieux :
Bien que ce char fust d'or tout brillant de lumiere,
Sa façon toutefois surpassoit sa matiere ;
L'ouurage n'auoit rien qui sentist le mortel ;
Aussi jamais Vulcan n'auoit rien fait de tel ;
Là d'un art nompareil ses mains industrieuses
Arrangeant au compas des pierres precieuses
D'un mélange agreable auoient subtilemant
Fait le portrait du Ciel, & de chaque élemant :
Douze petits Amours d'une gentille adresse
Comme les conducteurs du char de la Déesse
Y mirent sans tarder douze Aigles furieux
Qui deuoient l'enleuer jusques dedans les Cieux.
 Telle que fendant l'air de force non commune
Vne lance de feu monte au creux de la Lune,
Ou tel qu'aux jours d'esté quand le temps est serein
On peut voir un Faucon genereux, & hautain

Poursuivre un grand Heron que la cainte conuie
Par une pronte fuite à conseruer sa vie;
La Nature vola d'un mouuemant pareil
Dedans un Ciel plus haut que celui du Soleil
Au dessus de celui d'où le Dieu de la guerre
Anime à la valeur les peuples de la terre:
Là parmi la splendeur d'une viue clairté
Elle vid Iupiter illustre en majesté
Qui comme d'une robe enuironné de gloire
Etoit pompeusemant sur son trosne d'yuoire;
Il auoit sur la teste une couronne d'or;
Les Rois n'ont rien de tel dans leur plus beau tresor;
Là mille diamans éblouissoient la veuë;
D'un septre precieux sa main étoit pourueuë
Où Vulcan par son art auoit representé
Sa puissance infinie, & son autorité:
Pour la seconde fois il pensoit à détruire
Les hommes qu'au deuoir il ne pouuoit reduire;
La Clemance humblemant embrassoit ses genous
Pour calmer la fureur de son diuin courous,
Et la Iustice aussi tâchoit à le resoudre
D'exposer les méchans à l'effort de son foudre:
Pas une ne vouloit à l'autre le quitter;
Mais quand il vid sa fille à ses pieds se jetter
Sans parade, & sans pompe, il calma sa colere,
Et la Déesse alors lui fit cette priere.
   O puissance éternelle, Esprit de tous esprits
Que nul ne comprendra, ni n'a jamais compris;

Nompareille lumiere où l'on voit tout pareſtre;
Pere de l'vniuers a qui je doi mon eſtre;
Seigneur des autres Dieux, ſouueraine bonté
I'implore le ſecours de ta diuinité:
L'homme qui ſur la terre à la premiere place
Eleue contre toi ſon inſolente audace,
Et ſur ſa ſeule force il a mis ſon appui
Comme s'il ne tenoit ſon eſtre que de lui;
Le ſoin de l'équité ne touche point ſon ame;
Toujours en ſon eſprit quelques deſſeins il trame,
Et recherche ſans fin par quelle inuention
Il mettra ſes voiſins en ſa poſſeſſion;
Il fait aux gens de bien cruellemant la guerre;
Par ſes impuretez il a ſouillé la terre;
On voit de toutes parts des actes inhumains;
Le ſang des innocens deſſus les grands chemins
Te demandant vangeance implore ta juſtice
Contre les cruautez des amateurs du vice;
Tout crime ſe commet auec impunité;
Ceux qui ſont vertueux n'ont pas l'autorité
D'empeſcher que ſon cours ne faſſe du rauage;
On ne voit plus que feu, que meurtre, & que pillage;
Toute choſe eſt ſans ordre, on mépriſe ma loi,
Et mes propres enfans s'éleuent contre moi:
Demeure toutefois aux termes d'un bon pere;
Ne laſche point la bride à ta juſte colere,
Et bien qu'en tous endrois leur folle impieté
Ait oſé blaſphemer contre ta majeſté

LES HIMNES.

Ne fais pas tout perir dans un commun suplice,
Sauue ta creature, & détruis la malice;
Que la douceur te porte au salut des humains,
Et souuien toi qu'ils sont l'ouurage de tes mains,
Etablis dessus eux quelque pouuoir suprême,
Afin de refrener cette licence extrême
Qu'ils prennent de mal faire, & d'auoir en mépris
Les reigles qu'en naissant je leur auois apris;
Donne leur un Seigneur de la plus juste race
Qui soit au milieu d'eux assis comme en ta place
Pour retenir chacun aux termes du deuoir,
Reprimer les Tirans dont l'injuste pouuoir
Assujetit le foible à son obeïssance,
Punir l'iniquité, maintenir l'innocence,
Et les armes en main faire que les mortels
N'osent plus desormais violer tes autels.
Grand Dieu dont l'vniuers adore les merueilles
Ne fait pas moins de grace à l'homme qu'aux abeilles
Qui conduites d'un Roi vont amasser le miel
Que l'Aurore amoureuse a fait tomber du Ciel,
Ainsi que ta grandeur d'eternelle durée
Puisse estre de ton peuple à jamais honorée,
Et qu'en fin tout le monde abaissé deuant toi
Benisse ta clemence, & réuere ta loi.
 Ayant ainsi parlé, la crainte, & l'esperance
Tenoient égalemant son esprit en balance,
Quand ce Dieu venerable, & graue en son parler
De semblables discours la voulut consoler.

Depuis qu'un vain orgueil à fait l'homme rebelle,
Et qu'ayant corrompu sa bonté naturelle
Il est de mes sentiers injustemant sorti,
Cent fois de l'auoir fait je me suis repenti;
Nagueres je pensois ouurir tous les abîmes
A la punition de ses horribles crimes,
Mais l'amour que pour toi je porte dans le cœur
De mon juste courous demeurera vainqueur :
Ma fille seulemant pour les tenir en bride
J'établirai des Rois qui leur seruent de guide,
Et prescriuent des lois contre les vicieux;
On leur rendra l'honneur que l'on doit à des Dieux,
Et la terre sera dessous eux asseruie;
Ils seront absolus sur les biens, & la vie
De tous ceux qui seront en leur sujétion;
Je prendrai leur couronne en ma protection;
Ils ne releueront d'aucune autre puissance,
Les Princes à moi seul deuront obeissance,
Et pour quoi que ce soit nul sans impieté
Ne poura s'éleuer contre leur majesté :
Toujours quelque Furie effroira la pensée
Des sanglans boute-feux qui d'une ame insensée
Auront auec la perte, & la fin des étas
Tramé secretemant celle des Potentas;
Moi-mesme en ma fureur par dix mille suplices
J'en punirai l'auteur auec tous les complices,
Et ne souffrirai point que les séditieux
Puissent jouir en paix de la clairté des Cieux.

Il parla de la sorte, & d'un signe de teste
Fit mouuoir tout le Ciel accordant sa requeste.
Au deuant de ce Dieu dans des tables d'airain
Se lit de nos destins un arrest souuerain ;
On y voit clairemant toutes les auentures,
Le passé, le presant, & les choses futures :
Il lui découurit là ceux que d'un juste chois
Il auoit destinez pour imposer des lois,
Et tenir dessous eux l'Empire de la terre :
Les uns apparoissoient illustres pour la guerre,
D'autres que la douceur rendoit victorieux
Aqueroient par la paix un renom glorieux,
Et parmi ces Heros les pompeuses Princesses
Paroissoient auprès d'eux ainsi que des Déesses.
   Bélus fut le premier qui parut à ses yeux ;
Ce Prince étoit doüé d'un esprit gracieux ;
Son régne fut paisible, & la saison dorée
Cependant qu'il vesquit fut toujours assurée :
Ninus suiuit après qui se plut aux combas ;
Il surprit ses voisins qui ne s'attendoient pas
De receuoir la guerre, & d'extreme furie
Fit craindre en mille lieux l'Empire d'Assirie.
Elle te vid après noble Semiramis
Qui pour te maintenir contre tes ennemis
La premiere as fermé ta Ville de murailles,
Et t'exposant toi-mesme au milieu des batailles
As si bien combatu, que la posterité
Vante encor aujourd'hui ta generosité.

Et toi qui par le bruit de ta rare sagesse
Attiras de Sabée une grande Princesse
Pour te voir sur ton Trosne à nul autre pareil
Surpasser en beauté la Lune, & le Soleil,
O riche Salomon, merueille sans exemple,
Superbe fondateur d'un magnifique Temple
Ta pompe, & ton éclat firent lors demeurer
Longuemant la Nature à te considerer.
L'indontable Cyrus à qui l'air du vilage
Ne put aucunemant abaisser le courage,
N'ayant rien de berger que l'habit seulemant
Etoit dans cette troupe assis pompeusemant.
Alexandre fatal à la gloire des Perses
Y meditoit déja ses conquestes diuerses:
Et vous grands Empereurs redoutables Césars
Qui faisiez tout ployer dessous vos étendars,
Doüez d'une puissance à nulle autre seconde
Vous aparessiez là comme Seigneurs du Monde.
Elle auoit remarqué tous les Princes Romains,
Les uns peres du peuple, & d'autres inhumains,
Alors qu'elle aperceut la fleur d'une autre race
A qui l'Aigle deuoit abandonner la place.

   Tel qu'un Prince étranger arriuant à la Cour
Est raui des beautez de ce diuin sejour:
Il admire le Louure; il voit ses galeries;
Rien ne lui semble beau comme les Tuilleries,
Et puis apperceuant l'éclat des Courtisans,
Superbes, genereux, gentils, & complaisans,

Transporté des douceurs dont leur troupe est pourueuë
Il croit n'auoir rien vu si digne de sa veuë;
Mais alors qu'on le meine au Cabinet du Roi
Son cœur se trouue ému; son ame est hors de soi;
La pompe, & la splendeur de ce lieu venerable
Lui font voir qu'il n'est rien qui leur soit comparable,
Et pense auec raison estre dedans les Cieux
Y voyant Iupiter accompagné des Dieux.
Telle cette Déesse admire ces Monarques
Dont les noms immortels ont triomphé des Parques;
Trajan pere du peuple, & le sage Antonin,
Alexandre Seuere, & le grand Constantin
Dont les faits ont rempli les terres plus étranges
Auoient esté jugez dignes de ses louanges :
Mais quand elle apperceut cette suitte de Rois
Qui feconde en empire, & puissante en ses lois
Deuoit mettre son Trosne aux riues de la Seine,
Leur fameuse grandeur mit son esprit en peine,
Et ne pouuant assez à son gré les loüer
La simple verité la força d'auoüer
Que dans les actions plus dignes de mémoire
Elle n'auoit rien vu de pareil à leur gloire.
Déja pour contenter son desir curieux
Elle consideroit les actes glorieux
De tous ces grands Heros dont la valeur insigne
Seule de commander aux François étoit digne,
Quand ce grand Iupiter faisant ouïr sa vois
Commença de parler pour la seconde fois.

Ces Princes que tu vois du noble sang de Troye
Par leurs armes auront tout l'uniuers en proye;
Leurs illustres vertus obligeront vn jour
Toutes les nations à leur faire la cour :
Vn des enfans d'Hector abandonnant l'Epire
Que son oncle Helenin tiendra sous son Empire
Après que les Troyens se seront vus trahis,
Et chassez par les Grecs du sein de leur païs,
L'ame diuinemant de vertus enrichie
Dans les Gaules ira fonder leur Monarchie :
Il doit estre nommé du beau nom de Francus;
Les perils de la mer seront par lui vaincus;
Afin qu'il ne perisse il aura la Fortune
Pour conduire sa flotte en dépit de Neptune,
Et fera lors voguer dessus l'orgueil des flots
Les reliques de Troye au gré des matelots;
A main gauche ayant vu du haut de son nauire
Paroistre dans la mer les Isles de Corcire,
D'Itaque, & de Zacynte, il ira plus auant
Doubler le mont Tenare, & poussé d'un bon vant
Il passera Cythere, & le chef de Malée;
Là l'onde de la mer paroistra plus enflée,
L'orage augmentera, le vant sera plus fort,
Francus verra par tout l'image de la mort,
Alors que l'assistant d'une faueur secrette
Ie le ferai jetter au riuage de Crete :
Le Roi de ce païs lui faisant bon accueil
Semblera retirer sa flote du cercueil :

Ce braue fils d'Hector digne de sa naissance
Fera parestre là son illustre vaillance;
Il passera l'hiuer dedans ce beau sejour;
Mais dès que le printemps se verra de retour,
Et que Flore amoureuse au gré du dous Zephire
Verra dedans les prez renaistre son Empire,
Ce Heros immortel à nul autre pareil
Ayant refait sa flotte, & dressé l'apareil
De tout ce qu'il faudra pour faire son voyage,
Se mettra dessus mer en pompeux équipage;
Les Alcions pour lui naistront dessus les eaux;
Vn fauorable vent conduira ses vaisseaux;
Ayant à ses desseins toutes choses prosperes
A main droite il verra le tombeau de ses peres;
Vn si funeste objet le comblant de douleurs
Tirera de ses yeux deux fonteines de pleurs;
Deuant qu'à la raison sa tristesse ait fait place
Il outrepassera le Bosphore de Thrace,
Et flotant à l'endroit où couuert de roseaux
Le Danube en grondant va décharger ses eaux
Il ira contremont deuers la Panonie
Suiui superbemant d'une troupe infinie:
Ce Fleuue glorieux d'un si digne fardeau
Fera bruire son onde autour de son vaisseau;
Les Nymphes le suiuront jusques sur le riuage
Où cette fois il doit terminer son voyage:
Là faisant jetter l'ancre, & se desambarquant
Il baisera la terre, & les Dieux inuoquant

Fera dessus la riue un deuôt sacrifice
Afin que toute chose à ses vœux soit propice.
Quand il aura par tout bien remarqué les lieux
Il doit faire bâtir d'un art laborieux
La ville de Sicambre au milieu d'une pleine;
Déja croyant auoir sa demeure certaine,
Et passer en'ce lieu le reste de ses jours
Le Dieu de qui la Seine a l'ordre de son cours
S'aparoissant à lui portera son courage
A gaigner sur ses bords un nouuel heritage;
Dedans une belle Isle il bâtira Paris
De qui les murs seront par les Dieux si cheris
Que cette noble Ville à nulle autre seconde
Doit estre quelque jour la meruecille du monde.
Après beaucoup d'exploits tout couuert de lauriers
Menant auecque lui ses plus jeunes guerriers
Il reuerra Sicambre, où viuant sans enuie
Aimé de tout le peuple il passera sa vie;
Longuemant après lui sa race y regnera,
Tant que dessous Auguste on la transportera
Près le fleuue du Rhin qui le tenant à gloire
Croira sur le Danube obtenir la victoire.
Ces peuples genereux depuis ce changemant
Randus plus aguerris maintiendront puissammant
L'autorité romaine aux terres plus étranges;
Il ne trouueront point d'assez dignes loüanges;
Alors la Renommée en langages diuers
Publira leur vaillance au bout de l'vniuers:

LES HIMNES.

Le desir de franchise, & leurs puissantes forces,
Et tant d'actes fameux leur seruiront d'amorces
A rejetter bien loin la loi des Empereurs;
Et voyans de chacun redouter leurs fureurs,
Eleuez de courage au mépris de l'Empire
Ils éliront pour Roi le fils de Marcomire
Qui par les coups diuers de ses pesantes mains
Ebranlera l'Estat des Empereurs Romains.
Après lui Clodion conduira son armée,
De butin, de conqueste, & de gloire affamée
Dans la Gaule belgique, & fauori de Mars
Sur les murs de Cambrai mettra ses étendars.
Le vaillant Merouée augmentant son domaine
Rangera sous ses lois le païs de la Seine,
Et lors tous les François ensemble réunis
Se feront reconnoistre en des lieux infinis;
Le redoutable Dieu qui préside à la Thrace
Ira de sa presence animer leur audace.
Exemple de valeur, inuincible Clouis
Les rudes Allemans sous ton joug asseruis
Ne pourront soutenir l'effort de tes gens-d'armes;
Le Roi des Vuisigots éprouuera tes armes,
Et te voyant doüé d'un pouuoir plus qu'humain
Se tiendra bien-heureux de mourir de ta main:
L'Empereur d'Oriant ébloui de ta gloire
T'enuoyra visiter après cette victoire;
D'une commune vois chacun t'aplaudira;
Le riuage du Clain par tout retentira

De la clameur des tiens, & le mur d'Angoulesme
A ton premier abord s'abatra de lui-mesme
Pour te faire passage, & receuoir ta loi;
La Gloire aux ailes d'or volera deuant toi,
Et lors les fleurs de Lis dans ton écu plantées
De chaque nation se verront redoutées.
Et toi Charles Martel fameux par mille exploits
Tu conduiras aussi l'Empire des François :
Prudent, & courageux tu dois voir en campagne,
Et près de Tours cõbattre un grand peuple d'Espagne;
Ta vaillance faisant d'incroyables efforts
Tu couuriras les champs de trois cent mille morts,
Et le Loire irrité verra cette journée
Du sang des Sarasins son onde profanée.
Pepin doit succeder à tes rares vertus;
Ses ennemis seront à ses piés abatus,
Et du desir de gloire ayant l'ame échauffée
Il se doit éleuer un glorieux trofée.
Charlemagne après lui dans le Trosne monté
Receura les honneurs dus à la Royauté;
Les Alpes qui verront ses fameuses conquestes
Humbles dessous ses piés abaisseront leurs testes;
Il mettra sous le joug les superbes Lombards,
Et puis faisant ailleurs porter ses étendars
Après auoir reuu les campagnes de France,
Ira de-là le Rhin châtier l'arogance
Des rebelles Saxons qui de trouble, & d'effroi
Mettront les armes bas, & receuront sa loi:

Ce fauori des Dieux suiuant ses destinées
Doit aussi surmonter les hauts monts Pyrenées,
La grandeur de son nom à son auénemant
Au cœur des Sarasins mettra l'étonnemant;
Porté dessus le char qui sert à la Fortune
Après avoir rompu les murs de Pampelune
Il y fera loger son camp victorieux
Qui d'aise chantera ses actes glorieux:
Roland, Ogier, Renauld, trois foudres de la guerre
Se feront estimer parmi toute la terre,
Et lors la Renommée aura trop peu de vois
Pour publier par tout la vertu des François:
Ces Heros déferont Aigoland en bataille
Où Charles paroissant de la plus riche taille,
Le plus grand, le plus fort, & le plus genereux
S'exposera lui-mesme aux lieux plus dangereux
Passant de tout le chef le reste de sa bande,
Tel qu'un chesné sacré qui comme Roi commande,
Et bien haut dedans l'air étendant ses rameaux
Semble imposer des lois aux petits arbrisseaux:
Au Trosne des Cesars on le verra parestre;
Chacun le connoistra pour Seigneur, & pour maistre;
Ses vaillans Cheualiers endurcis aux trauaux
Feront dans le Danube abreuuer leurs cheuaux,
Et les peuples plus fiers de crainte de son ire
Abaisseront le col au joug de son Empire:
Par tant d'actes diuers de generosité
Se faisant un chemin a l'immortalité,

C

Tel que le grand Hercules ou que Mars de la Thrace
Entre les autres Dieux il viendra prendre place.
Voi ce grand Sainct LOVIS *qui par sa pieté*
Se fera reuerer comme une Deité;
Dessous lui les Vertus se verront estimées;
Il ira conquerir les palmes Iduméés;
Ses gens feront trembler le peuple de Memphis;
Les barbares par lui se verront déconfis,
Et témoignant par tout sa valeur heroïque
Il se rendra fameux aux terres de l'Afrique:
C'est de lui que viendra la maison des Valoüs,
Et celle des Bourbons qui donnera des lois
Aux Princes de l'Asie, & pleine d'allegresse
Des fers de Mahomet deliurera la Grece.
Le grand François sera pareil aux Demi-dieux
Que l'extreme vaillance a mis dedans les Cieux;
Ses triomphes diuers étonneront la terre;
Le Suisse, & le Lombard l'éprouueront en guerre;
Il forcera Milan d'obeir à sa loi,
Et ses fils après lui qui rempliront d'effroi
Tous les peuples voisins au bruit de leur armée
Qui paroistra toujours au combat animée
Regneront comme Dieux sur des peuples diuers,
Et leur Nom deuiendra plus grand que l'uniuers.
Ce Charle de Valois, & ce Henri son Frere
Seront imitateurs des vertus de leur Pere;
Les Muses de leur temps se verront estimer;
La Victoire à leurs faits se laissera charmer,

Et pour leurs actions d'éternelle mémoire
Iarnac, & Moncontour les couuriront de gloire.
Henri toujours vainqueur après eux doit régner;
Tout ce que la Vertu peut aux Rois enseigner
Pour se bien acquitter des charges d'vn Empire,
Et retirer de peine un peuple qui soupire
Sera dedans l'esprit de ce Roi genereux;
Tous ses combas auront des succez bien-heureux,
Et sa grande valeur dedans la pleine d'Arques,
Et dans celle d'Iuri laissera tant de marques,
Et de tant de lauriers il sera couronné
Que le surnom de Grand lui doit estre donné.
Quelque puissant effort qu'à l'en-contre on apreste
La victoire toujours couronnera sa teste;
Ou si quelqu'un se peut declarer son vainqueur
C'est seulemant l'Amour qui blessera son cœur,
Et le rendra captif des beautez de MARIE
La gloire, & l'ornemant de toute l'Hetrurie,
Qui devra sa naissance à ces grands Medicis
Qui seront quelque jour entre les DIEUX assis.
Dès que cette Déesse ainsi qu'une merueille,
Aura graué ses pas aux riues de Marseille,
Le terrible Démon qui préside aux combas
Mettra son insolence, & sa fureur à bas;
La Paix rétablira les campaignes de France;
Auecque le trauail se joindra l'esperance,
Et tous les Laboureurs remis en leur maison
Verront renaistre encor cette heureuse saison
C ij

Ou la terre par tout produisoit toute chose;
Quelque félicité que l'homme se propose
Il en recevra plus qu'il n'aura souhaité;
La France reprendra sa premiere beauté,
Et ses Lis immortels en ce temps feront ombre
En mille lieux divers à des peuples sans nombre :
Henri victorieux de tous ses ennemis,
Pour jouir du repos qu'en France il aura mis.
Faisant voir en tous lieux la pompe, & l'allegresse
Recevra dans ses bras cette belle Princesse;
Les Graces, & l'Amour, Himen, les Ieux, les Ris
Seront tout l'entretien des peuples de Paris :
De ce couple divin LOVIS prendra naissance
Des astres recevant la meilleure influance;
Les celestes Vertus à sa nativité
Empliront son esprit d'une divinité;
Là sans reserve aucune étalant leurs richesses
Ces Nymphes lui feront mille douces caresses
Iettant à pleines mains des lis sur son berceau;
Les trois Parques iront filer sur leur fuseau
Vne si belle vie auec l'or, & la soye;
Les François danceront autour des feux de joye,
Et tous leurs ennemis d'un effroi sans pareil
Trembleront au lever de ce nouveau Soleil :
Dès sa tendre jeunesse il prendra la couronne,
Desireux de vertu, sans égard de personne
Il régira la France auecque l'équité;
La Iustice toujours suivra sa Majesté;

LES HIMNES.   21

Auſſi ce grand Monarque à ſes ſurnoms d'Auguſte,
D'Inuincible, & de Fort, joindra celui de Iuſte :
Ce Prince génereux deuant toute ſa Cour
Doit pareſtre chargé des chaiſnes de l'Amour,
Et brulé d'un beau feu ſouſmettre ſon courage
Aux diuines beautez d'une Nymphe du Tage
Dont l'illuſtre Maiſon feconde en Demi-dieux
Aura ſuperbemant le front dedans les Cieux :
Contemple le deſtin de ce grand Himenée;
Que de felicitez depuis cette journée
Arriueront en France! & qu'en de lieux diuers
Sa gent victorieuſe effrayra l'vniuers!

 Grand Roi qui ſurmontant les trauaux de la guerre
Faites par tout trembler les peuples de la terre,
Iupiter dans le Ciel parloit ainſi de vous
Quand la Nature encore embraſſa ſes genous,
Et le remercia, l'ame toute rauie
De contempler le cours de votre illuſtre vie :
A vos grandeurs auſſi que peut-on comparer ?
Votre ame a les vertus qu'on y peut deſirer ;
Vous eſtiez jeune encore, & toutefois le foudre
Lancé de votre main a tout reduit en poudre ;
Les montaignes de Foix pleines d'étonnemant
Ont vu vos Regimans combattre vaillammant,
Deuant qu'en ce pays la pronte Renommée
Leur euſt preſque anoncé l'abord de votre armée :
Là parut la grandeur de votre pieté;
Aux Temples profanez, & ſans Diuinité

Vous randistes la Messe, & mistes en franchise
Dessous vos puissans bras les saintes gens d'Eglise:
Le Ciel recompensa cette bonne action:
Tel que sortit Hector des rempars d'Ilion
Puissammant soustenu d'une superbe suite
Pour assaillir les Grecs qu'il tourna tous en fuite
Portant en leurs vaisseaux & la flame, & le fer;
Tel pour punir l'orgueil de ce monstre d'Enfer
Qui des séditieux échauffoit le courage
Vous vous fistes paroistre en cet heureux voyage
Où sainct Iean d'Angeli ruyné pour jamais
Vid son peuple réduit à demander la paix:
Dans l'Isle de Rié le grand Dieu de la guerre
Conduisant vos soldats couurit toute la terre
De vos traistres sujets; de peur de vous fâcher
Neptune n'osa pas de leur flotte approcher;
Son onde qui ne peut endurer d'immondices
Pour ne porter des gens souillez de tant de vices
S'en recula bien loin, & sans aucun suport
Leur fit faire naufrage en l'azile du port.
 Mais qui pouroit jamais dans les plus longues veilles
Décrire la moitié de vos rares merueilles,
Et tant d'autres succez ou la faueur des Dieux
A porté votre Nom jusques dedans les Cieux?
Quiconque a le bon-heur d'aller sous vos auspices
Rencontre à ses desseins toutes choses propices;
Le bruit de votre Nom couronne de lauriers
Au milieu des combas le front de vos guerriers;

L'Anglois dernier espoir de vos peuples rebelles
Dedans l'isle de Ré pressoit vos Citadelles,
Et la Mer tout au tour couuerte de vaisseaux
Voyoit sous leur pouuoir assujettir ses eaux:
Toutefois puissant Roi le plus grand des Monarques
Vous les mistes en fuite auec des simples barques;
Tout vous rendit hommage, & l'ennemi batu
Du bord où vous estiez sentit votre vertu;
La Rochelle fremit après cette victoire,
Et voyant prosperer le cours de votre gloire
Plaine de factions elle perdit l'espoir
De soutenir ses murs contre votre pouuoir.
De tout temps votre Empire est cher aux destinées;
Vous mettrez sous le joug les villes mutinées,
Et la rebellion verra sur ses rempars
L'image de la Croix dedans vos étendars.
On ne voit point de Roi si parfait que vous estes;
Le Ciel comble vos jours de graces manifestes;
Vous auez une Mere à qui rien ne defaut
Pour conduire à sa fin le dessein le plus haut;
Son ame a la valeur conjointe à la prudence,
Et durant l'heureux cours de toute sa régence
Elle a si bien agi que ses actes diuers
Vous ont fait redouter par tout cet uniuers.
La Nymphe que l'Amour, & le dous Himenée
Vous ont selon vos vœux pour compaigne donnée
Possede tous les dons que l'on peut souhaiter,
Et rien à sa vertu ne se peut adjoûter;

Il n'est rien de plus grand que ces belles Princesses
Qui marchent sur la terre ainsi que deux Déesses,
Et par le seul regard de leur diuinité
Nous comblent d'allegresse, & de prosperité;
Votre Frere est un Prince où déja l'on contemple
La suprême vaillance ainsi que dans son temple;
Que son ame royale a de diuins apas!
Qu'il sera mal-aisé de ne se rendre pas
A ce foudre de guerre, & que souuant sa teste
Receura les honneurs d'une belle conqueste!
L'ardeur dont il se porte à vaincre les dangers
L'a rendu redoutable à tous les étrangers,
Et déja ce grand Duc éblouit tout le monde
Des miracles diuers dont son histoire abonde.
Dedans votre Conseil on voit des Demi-dieux
Dont la rare sagesse éclate en mille lieux :
Votre grand RICHELIEV d'un zele incomparable
Vous y rend un seruice à jamais memorable,
Et si ses justes vœux dans le Ciel sont ouïs
Les Rois feront hommage aux autels de LOVIS,
Et votre Majesté doit estre enuironnée
D'une splendeur que Dieu n'a point encor donnée;
Régnez diuin Monarque, & puissiez-vous un jour
Forcer toute l'Europe à vous faire la cour;
Qu'à vos Lis le Croissant abandonne la place;
Que le mur de Memphis craigne votre menace;
Dieu veuille desormais tous vos vœux exaucer;
Que tous vos ennemis se voyent terracer;

Que

LES HIMNES.

Que le Turc s'humilie, & vous quite l'Asie;
Ecrasez sous vos piés le monstre d'heresie;
Enchaisnez la discorde; ostez lui son flambeau;
Que la rebellion trouve enfin son tombeau;
Que puissiez vous grand Roi vivre à longues années,
Et que jamais ne soient vos conquestes bornées
Que quand la terre en fin soumise à votre loi
Ainsi qu'il n'est qu'un Dieu ne connoistra qu'un Roi.

L'HIMNE DE LA FORTVNE.

A MONSEIGNEVR L'ILLVSTRISSIME CARDINAL DE RICHELIEV.

ARGVMANT.

L'Avevgle Fortune fille de l'Ocean commença d'aller par le monde sous la conduitte de la Iustice; depuis ayant perdu cette grande Déesse par l'impieté des hommes elle donna ses biens sans pouuoir connoistre, à cause de son aueuglemant, si ceux qu'elle en fauorisoit les meritoient; l'Auarice la suborna par de belles paroles, & la mena dans un Temple qui d'un costé auoit vne agreable entrée qui attiroit tout le monde; mais de l'autre c'étoit un precipice ou les hommes se poussoient les uns les autres pour vsurper les biens qu'ils receuoient de la Fortune. Ce desordre a duré jusques au regne de LOVIS LE IVSTE, qui par sa vertu a obligé la Iustice de retourner parmi les hommes, & remettre la Fortune en son obeïssance.

Banissons le silance, & trouvons l'art d'écrire
Le bon-heur de LOVIS, & quel est son Empire;
Immortels fauoris des Vierges que je sers
Prenez la lyre en main; sortez de vos deserts;

Faites pareſtre au jour vos œuures nompareilles
Maintenant que la France eſt pleine de merueilles,
Et de fameus eſprits qui ne manqueront pas
De trouuer dans les vers mille diuins apas;
Si tant de beaux ſujets accompagnent la rime
Apollon reuerra ſon bel art en eſtime;
Il rauira les Rois, & ſes chers nourriſſons
Ne ſeront plus contrains de cacher leurs chanſons.
Ie me ſens agité d'une ardeur non commune
Qui porte mon eſprit a tanter la Fortune;
Le grand de RICHELIEV paroiſt deuant mes yeux
Auecque les vertus qui l'égalent aux Dieux,
Et ſemble me promettre un accueil fauorable
Si j'oſe publier ſa gloire incomparable;
Ie veux en imitant les plus fameux eſprits
D'un nom ſi glorieux honorer mes ècris,
Et pour pareſtre au rang des auteurs plus celebres
Auecque ſes clairtez diſſiper les tenebres:
Si ce grand Cardinal conſant de m'aduouër
Mes enuieux prendront le ſoin de me louër
Et les plus médiſans charmez de mon ouurage
Se trouueront forcez de changer de langage.
  Vous ô REYNES des cœurs, DéeſSes des beaux vers
A qui le grand Olimpe a ſes treſors ouuers,
Et qui diſtribuez les honneurs, & la gloire
A ceux qui ſont écris au temple de MEMOIRE,
Venez auecque moi pour louër ſa grandeur,
Car une ame vulgaire ayant trop peu d'ardeur

D ij

Ne peut pas dignemant élever sa pensée
Vers un si haut sujet dont elle est surpassée;
Vous pourez sans limite étendre vos discours
Qui dans cette matiere auront un libre cours;
Il est bien mal-aisé de nombrer ses merites,
Et toutes ses vertus seront à peine écrites;
Il s'est acquis un bruit qui remplit l'vniuers;
Les peuples sont rauis de mille actes diuers
Où le bien de l'Etat oblige son courage;
Il demeure assuré dans le plus grand orage,
Et tous les ennemis dont il est combatu
Ne font rien qu'afermir son illustre vertu.
Tandis que pour chanter tant de rares merueilles
Vous irez rechercher des graces nompareilles
J'éprouuerai ma force, & d'une basse vois
Sur un autre sujet j'écrirai cette fois,
Attendant qu'ayant pris une force nouuelle
Auprès de sa grandeur la faueur nous appelle;
Ie chante la Fortune, & je veux faire voir
Les prodigues bien-faits que l'on en peut auoir.

Vous puissant protecteur des filles de Memoire,
Prélat, si ce n'est point amoindrir votre gloire
D'offrir si peu de chose à vous dont le sauoir
Se fait voir au dessus de tout l'humain pouuoir,
Ayez à gré cet himne, & d'un accez facile
Faites que vos grandeurs lui seruent d'un azile;
Ie sçai que mon presant n'est pas digne de vous,
Grand Esprit toutefois n'entrez pas en courous

Si ne pouuant encor vous offrir dauentage
Auec ce que je puis je viens vous faire hommage.

 Au temps que l'Innocence établissoit les lois;
Que les plus vertueux auoient le nom des Rois;
Que Saturne régnoit, & qu'on voyoit la terre
En ce bel âge d'or sans tumulte , & sans guerre,
L'Ocean secondé des celestes flambeaux
Fait naistre la Fortune au milieu de ses eaux,
Et dès qu'il apperceut cette grande Déesse
Il sentit en son cœur une extrême allegresse;
Il ne peut se lasser de la considerer;
Elle deuoit aussi le faire réuerer
Agrandir son Empire, & bien loin sur son onde
Auec beaucoup de vœux faire voguer le monde,
Et charmant les mortels par des apas nouueaux
Sousmettre à son pouuoir grand nombre de vaisseaux
Qui pour l'espoir du gain s'exposent au naufrage:
Aussi-tost que le temps eut formé son visage,
Qu'elle eut pris sa croissance, & qu'elle put aller,
Ce pere ambitieux qui vouloit l'égaler
Aux autres Deitez auprès de lui l'appelle,
Et montre en ses baisers l'amitié paternelle.

 Ma fille, lui dit-il, la menant sur ses bors,
Je mets en ton pouvoir mes precieux tresors;
Les biens, & les honneurs seront ton heritage
Va les distribuer, & les mettre en usage;
Pour te faire honorer je mets dedans tes mains
Les suprêmes honneurs qui charment les humains;

Chacun te nommera la Reine des richesses,
Et les plus grands Seigneurs te feront des caresses;
Mais d'autant que le Ciel ne t'a point donné d'yeux
Pour discerner les bons d'auec les vicieux,
Souffre que la Iustice ait soin de ta conduite,
Et ne dédaigne pas de marcher à sa suite.
 Ce vieux Dieu de la sorte à sa fille parla
Qui sousriant un peu sans tarder s'en alla
Où l'enuoyoit son pere, & comme une immortelle
Marchant d'un pas leger fit parestre auec elle
Le dous éclat de l'or qui charma jusqu'aux Dieux;
Les hommes éblouis la suiuoint en tous lieux
Ne pouuant se resoudre à perdre un peu de veuë
Les nouuelles douceurs dont elle étoit pourueuë;
Toutefois pas un d'eux n'en fut si fort épris
Que cela pust encor diuiser les esprits,
Et comme égalemant sans conceuoir d'enuie
On se sert du Soleil pour le bien de la vie,
De mesme en ce bel âge auec égalité
On possedoit les biens pour la necessité;
Le monde auoit alors la Iustice pour guide ;
Tous les hommes par elle étoient tenus en bride,
Et la Fortune encor ne pouuoit rien donner
Que comme la Iustice en vouloit ordonner.
Mais en fin tout se change, & comme dans sa course
Plus un large ruisseau s'éloigne de sa source
Plus son eau deuient trouble, & son flot augmenté
Toujours de plus en plus perd de sa pureté:

*Il est ainsi du monde; on ne voit plus de trace
De la simplicité de sa premiere race;
Tout va de pis en pis, le Vice est reuétu
Des mesmes ornemans qu'on donne à la Vertu;
Plus nous allons auant plus les mœurs se corrompent,
Et nos meilleurs amis le plus souuant nous trompent:
Ces hommes qui suiuoient les lois de l'équité
Laisserent leur exemple à la posterité,
Toutefois leurs vertus ne furent pas suiuies;
On vid entre leurs fils de secretes enuies;
Chacun vouloit auoir les métaux precieux
Dont l'aueugle Fortune auoit charmé leurs yeux,
Et déja les plus forts d'un pouuoir tirannique
Alloient assujettir la liberté publique,
Enuahir tous les biens auec impunité,
Et ne plus faire hommage à la Diuinité:
La Iustice apperçeut cette nouuelle audace,
Et fit toute en colere une rude menace
Au peuple débauché, qui craignant son pouuoir
Encor cette fois-la se remit au deuoir:
La Fortune suiuit l'ordre de la Iustice,
Et refusa ses dons aux amateurs du vice;
Mais las! que ne fait point le desir d'amasser?
Depuis les bonnes mœurs se virent renuerser;
La Fraude eut sur la terre un souuerain empire;
La race des mortels par les ans se fait pire;
Après le siecle d'or on vid celui d'argent;
Depuis se beau métail en d'autres se changeant*

Le siecle fut de fer où l'homme auec outrage
En meurtrissant son frere accrut son heritage;
Le Vice auec orgueil maitrisant les mortels
Se fit de toutes parts éleuer des autels :
O celestes Vertus que vous fustes troublées !
Confuses d'un tel acte, & de regret comblées
Vous laissastes la terre, & dans un plus beau lieu
Allastes vous ranger au trosne du grand Dieu ;
Toutefois votre sœur l'incomparable Astrée
Ne quita pas si tost cette basse contrée,
Mais d'un dernier effort tascha de reprimer
L'orgueil dont les humains s'étoient laissez charmer.

O peuples, ce dit-elle, ayez honte de suiure
La licence effrenée où l'on vous a vus viure ;
Arrachez le bandeau qui vous couure les yeux,
Et laissez vous conduire à la clairté des Cieux :
Las que pensez vous faire infirmes que vous estes ?
Croyez vous resister aux puissances celestes ?
Espris dénaturez qui voyez en tout lieu
Les effets merueilleux de la grandeur de Dieu
Ozerez vous toujours auec si peu de crainte
Vous moquer de sa loi que vous auez enfrainte ?
Estimez vous si peu sa diuine bonté ?
Ne vous souuient-il plus de votre infirmité ?
Pouuez-vous ignorer que sa toute-puissance
Vous tirant du néant vous fit à sa semblance ?
Auez vous oublié ce qu'il a fait pour vous ?
Et ne craignez vous point que son juste courous

Ne

Ne lance enfin sa foudre, & comme une tempeste
Ne vienne horriblemant écrazer votre teste?
Qu'une telle fureur ne vous aueugle pas,
Mais par un repentir éuitez le trépas
Qui doit dans peu de jours punir votre manie
Si tant d'impieté n'est de vos cœurs banie.

 Elle tint ce discours, mais aussi-tost le vant
Emporta sa parole, & plus qu'auparauant
Le monde trauersa cette grande Déesse,
Et comme elle pensoit departir la richesse,
Et pezer toute chose auecque l'équité
L'homme ennemi mortel de son autorité
Paruint jusqu'a l'excez d'une telle insolance
Qu'il ozoit violer le poids de sa balance
Pour la faire pancher du costé qu'il vouloit;
Vainemant contre lui la Iustice parloit;
En vain cette Déesse éprise de colere
Lui prédisoit les maux d'une longue misere,
Il demeura trop ferme en son impieté
Et conçeut un mépris de la Diuinité;
Alors entieremant l'équité fut banie;
Le desordre laissa toute faute impunie,
Et l'injuste licence en mille lieux diuers
Fit voir les champs maudits de massacres couuers:
O divine Vertu, vénerable Iustice
Tu retournas au Ciel en fuyant la malice,
Et la Fortune alors sans conseil, & sans yeux
Se rendit fauorable aux plus audacieux;

       E

Ce n'est pas qu'elle soit au desordre portée;
Du desir de donner on la voit agitée;
Elle est pronte à bien faire, & ne possede rien
Que pour prendre plaisir à nous faire du bien:
Mais aussi la Vertu doit régler sa largesse,
Et sans elle jamais cette aueugle Déesse
Ne pourra s'assurer du merite de ceux
Que ses prodigues mains auront faits bien-heureux;
Ses dons sans la Vertu ne vont qu'à l'aduenture,
Et ne peut de soi-mesme éuiter l'imposture
Du Vice déguisé qui d'un discours trompeur
Enchante les esprits, & les met en erreur.

Si tost que dans le monde on la vid sans conduite,
Vn Monstre qui traisnoit tous les soins à sa suite,
Maigre, difforme, affreux, & dangereux à voir,
Qui plus auoit de biens plus en vouloit auoir,
Peste des cœurs humains, infame auteur du vice,
Fier tyran qui régnoit sous le nom d'Auarice
A qui rien ne suffit, & pauure en ses trésors
Fit près d'elle approcher son effroyable corps
Qui de son teint défait l'auroit épouuantée,
Si son aueuglemant ne l'en eust exantée.
Déesse, ce dit-il, qui de tous les costez
Distribuez sans choix vos liberalitez,
Soyez plus retenuë, & faites que le monde
Se peine pour les biens dont votre Empire abonde;
Deuant que les auoir il les doit esperer,
C'est le meilleur moyen pour vous faire honorer,

Vous serez recherchée, & par des sacrifices
On voudra meriter vos plus cheres delites;
Si vous y consentez je conduirai vos pas,
Et les hommes charmez de vos puissans apas
Craindront de vous déplaire, & loin d'eux retirée
Votre Diuinité sera plus réuerée;
Le bien qu'on a sans peine est peu consideré,
Mais quand par un obstacle on s'en voit separé
Le desir s'en augmante, & parmi la tempeste
On cherche auec peril une belle conqueste.
La Fortune à ces mots se laissa suborner,
Et le Monstre orgueilleux de pouuoir dominer
Sur les grandeurs du monde enmena la Déesse,
Et la mit dans un temple auecque sa richesse;
Incontinant le peuple y vint de toutes parts,
Et de quelque costé qu'il jettast ses regards
Il voyoit éclater des choses magnifiques:
Ce superbe édifice auoit de grands Portiques
Vers le Soleil leuant qui sembloient inuiter
Ceux qui les regardoient à l'aller visiter:
Tout le monde alleché d'une si douce amorce
Employoit pour entrer ce qu'il auoit de force;
Là chacun se pressoit, & ne redoutoit pas
Pour en venir à bout les perils du trépas;
Mais l'infame Auarice étoit aux auenuës
Pour défendre l'entrée aux troupes inconnuës,
Et d'une main rapide, & d'un injuste effort
Exigeoit de chacun un péage à l'abord;

Mesme les puissans Rois grands démons de la guerre
Qui tiennent dessous eux l'empire de la terre,
Suiuis superbemant d'une pompeuse Cour
Auecque des presens entroient dans ce sejour;
Là montans par degrés d'une joye incroyable
Ils trouuoient la Fortune à leurs vœux fauorable;
C'est là qu'elle donnoit les suprêmes honneurs,
Les plus forts obtenoient les plus grandes faueurs;
Le bon-heur augmentoit plus on s'approchoit d'elle;
Les grands Rois se tenoient près de cette immortelle,
Les moindres par leurs mains receuoiët ses bien-faits;
A ce commancemant on y viuoit en paix;
La folle ambition n'exerçoit point sa rage;
Personne ne craignoit de faire là naufrage;
Ils étoient tous contans, & sauoient posseder
Les trésors qu'a leurs vœux on venoit d'accorder;
Là parmi les plaisirs chacun passoit sa vie,
Et rioit des efforts de la jalouse Enuie
Qui de ce lieu banie y jettoit toutefois
Des regards ennemis sur les mignons des Rois:
Mais par suite de temps ce temple venerable
Se trouua trop petit pour le peuple innombrable
Qui s'efforça d'entrer pour joüir des plaisirs
Dont les biens de Fortune enchantent nos desirs;
Il arriuoit toujours quelque troupe nouuelle;
Lors on fit dans ce temple une guerre cruelle;
Comme un flot pousse l'autre on voyoit les derniers
De mesme s'efforcer de chasser les premiers

Dont pas un ne vouloit abandonner sa prise ;
Chacun d'eux estimoit sa grandeur bien acquise,
Et plain d'ambition ne pouvoit consentir
De quiter la Fortune, & de s'aneantir.
Vers le Soleil couchant son royal édifice
Avoit une sortie au bord d'un precipice ;
Chacun se tenoit ferme, & ne vouloit ceder
A ceux qui s'efforçoient de le déposseder ;
Après bien des debas les plus forts l'emporterent,
Et plusieurs à la fin dans le gouffre tomberent
Dénuez de suport, & dedans ce malheur
Seruirent de risée au superbe vainqueur :
Ainsi toujours depuis des accidens funestes
Nous ont assez donné de preuues manifestes
Que ce n'est rien du monde, & que fol est celui
Qui sur un bien si fresle établit son appui ;
Les dons qu'elle nous fait ne sont pas de durée,
Et la plus grande pompe est la moins assurée.
D'un costé de ce temple on voyoit la grandeur
Sans crainte de tomber paroistre en sa splendeur
Puissante, imperieuse, & plaine d'allegresse ;
De l'autre ce n'étoit que misere, & bassesse,
Que plaintes, que soupirs, que regrets, & que pleurs ;
On n'y témoignoit rien que mortelles douleurs ;
L'affligé n'étoit-là secouru de personne ;
On y voyoit des Rois sans septre, & sans couronne
Que d'autres plus puissans auoient ainsi réduis
A souffrir les assauts d'un million d'ennuis ;

On a pu voir Cyrus environné de gloire
Se braver dans ce temple après une victoire,
Cependant que Cresus tout a fait surmonté
Soupiroit sous le fais de sa calamité :
Chacun sçait la grandeur du genereux Pompée ;
Les Rois firent hommage aux lois de son épée ;
Il gouvernoit le monde, & Cesar toutefois
Ayant pour son apui la valeur des Gaulois
Le força de sortir de ce bien-heureux temple
Laissant par son malheur un eternel exemple
Que tout passe en ce monde, & que la vanité
Accompagne toujours notre prosperité :
O Fortune pourtant vous n'estes point coupable
Du desordre qui rend le bon-heur si muable ;
Tous indifferemmant reçoivent vos bien-fais,
Et vos prodigues mains ne les ostent jamais ;
Les hommes débauchez se ruinent eux-mesmes
Les Rois à leurs pareils ostent les diadêmes ;
Nous voyons defaillir les meilleurs fondemans,
Et l'on vous blâme à tort de tous ces changemans.

 Après les tours divers d'un grand nōbre d'années
Au temps qu'avoit prescrit l'ordre des Destinées
LOVIS fils de HENRI, grand protecteur des lois
Prit d'vne juste main le septre des François ;
Dès qu'on lui vid régir ses puissantes Prouinces
Il parut au dessus de tous les autres Princes,
Et dans ses actions il n'eut point de pareil
Soit qu'il falust resoudre une affaire au Conseil,

LES HIMNES.

Soit pour executer les desseins de la guerre,
Et la Iustice alors retourna sur la terre
Pour voir un si grand Roi qui suiuant l'équité
Faisoit de cent vertus briller sa Majesté :
Elle entra dans le Louure, & demeura ravie
De voir encore au monde une si belle vie ;
Dieu, dit-elle, ô grand Roi qui voit dedans ton cœur
La crainte de son nom te rendra le vainqueur,
Et conduira tes mains au milieu des batailles ;
Bien que tes ennemis soient couuerts de murailles
Ils trembleront de peur, & leurs superbes tours
Ne leur seruiront point d'un si certain recours
Pour finir leurs travaux que sera ta clemance
A ceux qui se viendront sousmettre à ta puissance ;
Rien ne pourra ternir l'honneur de tes beaux faits ;
Ton illustre vertu te fera desormais
Nommer LOVIS LE IVSTE, & l'on verra ta gloire
D'un éclat nompareil parestre dans l'histoire,
Et laisser un modelle à la posterité
Pour se bien comporter dedans la Royauté.
C'est ainsi que parla cette grande Déesse ;
Chacun dedans la Cour lui fit quelque caresse
Pour estre aimé du Roi qui se plaisoit a voir
Réuerer la Iustice, & craindre son pouuoir ;
Aussi-tost en credit on reuid sa balance ;
Elle mit la Fortune en son obeissance,
Et comme auparavant par son autorité
Chacun reçeut le bien qu'il avoit merité ;

Alors grand RICHELIEV *l'on vid à plaines voiles*
Le bon-heur vous porter jusque dans les étoiles,
Et le monde étonné ne fut point envieux
De voir votre grãdeur vous mettre au rãg des Dieux,
Car vous en estes digne, & certes l'on peut dire
Que le Ciel vous fit naistre au bien de cet Empire,
Et que les Fleurs de Lis *n'ont jamais eu d apui*
Si ferme que celui qu'elles ont aujourd'hui:
Les Rois *pour bien régner ont de grands auentages*
Lors que dans leurs Conseils ils ont des hõmes sages
Qui sauent pénetrer jusques dans l'auenir,
Et peuuent d'un Etat les desordres banir;
Cela se trouve en vous; votre rare sagesse
Sçait mener toute chose auecque tant d'adresse
Que l'on voit tous les jours des miracles nouueaux,
Et certes sans mentir vos actes sont si beaux
Qu'on ne leur peut donner aucune recompance
Qui jamais enuers vous puisse acquiter la France.
Lors que de grand Euesque on vous fit Cardinal
Le peuple réjoüi d'un mouuemant égal
En sauta d'allegresse, & couronnant sa teste
Passa cette journée ainsi qu'un jour de feste;
I'étois aussi du nombre, & je joignis mes vœux
A ceux que l'on faisoit de vous voir bien-heureux
Le reste de vos jours dedans toute entreprise,
Et voyant arriver ce bon-heur à l'Eglise
Ie disois en moi-mesme en regardant les Cieux
Vn si divin Prélat mérite encore mieux.

Mais

LES HIMNES.

Mais où l'affection ravit-elle mon ame?
Il faut un peu régler le desir qui m'enflame;
Peut estre sans adveu d'une indiscrete ardeur
J'entreprends de loüer votre illustre grandeur:
Il faut qu'auparavant vous m'en estimiez digne,
Ce seroit autremant une insolance insigne
De vouloir enfermer dedans un peu de vers
Ce qu'à peine contient tout ce large univers;
J'ozerai toutefois poursuivre cet ouvrage
Si vos commendemans animent mon courage:
Glorieux de chanter sur un sujet si beau
Ie voudrois remarquer depuis votre berceau
Le cours de votre vie, & graver votre histoire
Au plus superbe endroit du temple de Mémoire;
Contant vos actions sans oublier un jour
D'un si digne récit je charmerois la Cour;
Là vous faisant parestre au tour de la Rochelle
Ie vous couronnerois d'une gloire immortelle;
On verroit dans la mer les rochers s'amasser,
Et formant une Digue empescher de passer
Les vaisseaux des Anglois qui batus de l'orage
Seroient près de tomber dans un second naufrage
Lors qu'ils feroient parestre auoir trop peu de cœur
Pour entreprendre encor d'attaquer leur vainqueur.
Commandez que j'écriue, & que rempli d'audace
J'implore la faueur des Vierges de Parnasse
Pour chanter un autre himne, & mettre en mes écrits
D'un art ingenieux les desseins entrepris

F

Pour maintenir la France, & repousser loin d'elle
L'insolente fureur de ce peuple rebelle
Qui sous le faux manteau d'une nouuelle foi
Cachoit ses trahisons, & faisoit teste au Roi.
Cependant grand Prelat aux siecles mémorable
Faites à la Fortune un accueil fauorable:
Les François ne seront d'aucun trouble agitez
Tandis qu'on vous verra dans les prosperitez.

L'HIMNE DE LA CONSTANCE.

A MONSEIGNEVR DE MARILLAC GARDE DES SEAVX DE FRANCE, & de Nauarre.

ARGVMANT.

Vrant l'abfence de la Vertu le Vice prit un empire fouuerain fur les hommes, qui jugez de leur propre confcience reffentirent les peines que meritét les mauuaifes actions; plufieurs fe repentirent de leur impieté, & Dieu ayant appaifé fa colere enuoya ici bas la Vertu, qui ne voulant conuerfer publiquemant auec les hommes fe logea au faifte d'un rocher dont l'abord étoit tres-difficile : quand la Renommée eut publié fon retour plufieurs la voulurent rechercher, mais les difficultez qui fe rencontrerent firent qu'ils fe retirerent la plufpart de l'étroit fentier qui meine deuers elle, & s'en allerent dans une agreable valée où logeoit la Volupté ; la Vertu eut pitié des hommes, & pour remedier a ce defordre enuoya parmy eux la Conftance qui leur faifant furmonter les plus grands empefchemans les conduifit heureufemant au fejour de la Déeffe.

Mars a repris l'armet; l'horreur qui l'accompagne
Sous les piés des cheuaux fait gemir la cãpagne;
L'Europe eft attentiue, & tremblante d'effroi
Ne confidere plus que les armes du Roi;

Les peuples font des vœux, & par toute la France
Parlent de la Rochelle auec impatience,
Ils souhaitent sa prise, & ses murs assiegez
Durent trop à leur gré sans estre rauagez ;
Lors que la Renommée au son de ses trompettes
Nous dit les actions que notre Prince a faites
Paris en saute d'aise, & n'a point de repos
S'il ne fait mille fois redire les propos
Qu'elle tient de LOVIS inuincible à la guerre,
Et que le Tout-puissant a mis dessus la terre
Ainsi qu'un beau crayon de sa diuinité
Dont il faut reuerer l'auguste majesté :
Tandis qu'un si long siege occupe ce Monarque
A grauer dans ces lieux une eternelle marque
De son illustre vie, & parmi les dangers
Se rendre redoutable aux peuples étrangers,
Que puis-je faire mieux que louër la Constance
Qui seruant de compagne à sa rare vaillance
Le fait demeurer ferme aux desseins entrepris,
Et donne de la crainte a ces lasches espris
Qui croyans maintenir une ville mutine
L'ont à la fin poussée au bord de sa ruine?

 Vous qui participez aux fatigues de Mars,
Et voyez deuant vous ces superbes rempars
Qui de notre grand Roi retardans la victoire
Ne lui font qu'aprester une nouuelle gloire,
Grand Ministre d'Etat qui par la pieté
Augmentez la splendeur de votre autorité ;

LES HIMNES.

Appui de la Iustice où toujours l'innocence
Trouue un ferme suport contre la violance,
Illustre MARILLAC *si l'art des vers n'a pas*
Encor auprès de vous perdu tous ses apas
Receuez cet ouurage, & d'une ardeur nouuelle
Conduisez mon Genie où la Muse l'apelle.
 Alors que la Vertu retourna dans les Cieux
Le Vice enflé d'orgueil, & plus audacieux
Infecta tout le monde, & sous sa tiranie
Trauailla les humains d'une peine infinie
Qui fit naistre à plusieurs un tardif repentir
De s'estre indignement laissez assujetir ;
Mais quoi ; c'étoit en vain que reprenans courage
Ils vouloient repousser un si sensible outrage ;
Par leur propre foiblesse ils étoient arrestez
Sous le joug du Tiran qui les auoit dontez ;
La celeste Vertu qui par son entremise
Pouuoit de ses liens dégager leur franchise
S'étoit d'eux retirée, & ne paroissoit plus ;
Leurs pleurs, & leurs regrets demeuroient superflus
Si Dieu qui se fléchit par une humble priere
Ne leur eust fait sentir sa bonté coutumiere ;
Pour la seconde fois il voulut ici bas
Enuoyer la Vertu qui de ses dous apas
Charma tous les espris, & fit connoistre au monde
En combien de plaisirs son exercice abonde ;
Cette grande Déesse élut à son retour
Le faiste d'un rocher pour faire son sejour,

Ne voulant pas alors conuerser sur la terre
Ainsi qu'elle faisoit auparauant la guerre
Où le Vice effronté renuersa ses autels,
Et s'empara des cœurs des fragiles mortels;
Elle craignoit encor de se voir profanée
Des crimes dont la terre étoit enuironnée;
Auec un long trauail il faloit rechercher
Le sentier peu batu qui meine à son rocher;
Là parmi la splendeur ainsi qu'une immortelle
Elle étoit sur un trosne, & tenoit auprès d'elle
Ses adorables sœurs d'un & d'autre costé
Pour augmenter l'éclat de sa diuinité;
Aux quatre coins du trosne on voyoit la Prudance,
La Iustice, la Force, auec la Temperance;
Vn peu plus bas étoient la Liberalité,
La Pudeur, l'Amitié, l'auguste Integrité,
La Clemance, la Paix, & la forte Constance
Comme filles d'honneur qui dans l'obeissance
Réueroient la Vertu se mettant en deuoir
De faire en tous endrois accomplir son vouloir.

 Bien-tost la Renommée auec de l'allegresse
Anonça le retour d'une telle Déesse;
Elle fuit le silence, & par diuers détours
Seme de nouueaux bruits qui s'augmentent toujours;
Elle est couuerte d'yeux, de bouches, & d'oreilles,
Et ne donne jamais de relasche à ses veilles;
Peuples, ce disoit-elle, allez à deux genous
Réuerer la Vertu qui retourne pour vous

Du Ciel dessus la terre auec un dous remede
Qui pourra dissiper l'ennui qui vous possede;
Il la faut rechercher pour estre bien-heureux;
Ses charmes tout-puissans vous rendront amoureux
Si vous approchez d'elle, & d'une belle audace
Osez considerer la splendeur de sa face.
Quand elle eut visité toutes les nations,
Et graué ses discours dans leurs affections
Elle quitta la terre, & batant de ses ailes
S'éleua dedans l'air pour voir d'autres nouuelles
Qu'elle deuoit redire, & superbe parut
Au plus haut du rocher ou la Vertu voulut
Etablir sa demeure, & nous apprendre à suiure
Dans son étroit sentier les régles de bien viure.
Incontinent le peuple en troupes s'amassa,
Et pour y paruenir plusieurs fois s'efforça;
Mais ce rocher n'est pas d'un accez si facile,
Il est aspre à monter, on n'y va qu'a la file,
Il faut peiner beaucoup, les mains manquent souuant,
Et plusieurs à la fin sont emportez du vant
Qui les remet à bas, & rompant le voyage
Dans une nonchalance attiedit leur courage;
Peu de gens surmontoient tant de difficultez;
Ceux qu'un si long trauail auoit épouuantez
Rencontroient à main gauche une grande valée
Dont la beauté n'étoit par nulle autre égalée;
La douce Volupté faisoit là son sejour
Inuitant tout le monde à lui faire la cour,

Et viure dans ce lieu dont la belle apparance
Promettoit à chacun des biens en abondance;
La terre étoit fertile, & l'air bien temperé
N'étoit jamais ému d'un vant immoderé,
Seulemant le Zephir soufflant dans les bocages
D'un agreable bruit remuoit les feuillages;
On y voyoit des prez traversez de ruisseaux
Dont la douce fraischeur produisoit des roseaux,
Faisoit naistre les fleurs, & bien loin du riuage
Par de secrets conduits entretenoit l'herbage;
Là les blez ondoyoient, ici dans les vergers
Sur sa branche éclatoit le fruit des orangers;
Dessus les grands chemins outre un plaisant ombrage
Les arbres aux passans fournissoient de fruitage:
Là s'élevoient les tours des superbes chasteaux;
Ici dans les pâtis on voyoit les troupeaux;
En fin cette demeure étoit vraymant pourueuë
De tout ce qu'il faloit pour contenter la veuë
Là ces pauures mortels d'un courage abatu
Cherchoient un faux plaisir au lieu de la Vertu,
Et dans l'oisiueté d'une lasche paresse
Viuoient ce leur sembloit auec de l'allegresse,
S'estimoient bien-heureux, & sans rien redouter
Au gré de tous leurs sens se laissoient emporter:
Mais qu'ils étoient trompez! & qu'une triste issue
Déprauoit la douceur qu'ils auoient aperceuë!
Dedans ce beau pays pour les mieux allecher
Vne source couloit des veines d'un rocher,

Et

Et deſſus du grauier auec un dous murmure
Rouloit à petis bonds entre un peu de verdure
Qui tapiſſoit ſes bords, & donnoit à l'entour
De quoi ſe repoſer en ce plaiſant ſejour;
Plus bas l'eau s'amaſſoit, & deuenant profonde
Se cauoit un baſſin pour retenir ſon onde
Qui libre toutefois ne pouuoit ſeulemant
Endurer dans ſon cours le moindre empeſchemant;
Des arbres conſeruoient les fleurs de ſes deux riues
Quand les chaleurs d'eſté ſe rendoient exceſſiues;
Toujours quelques oyſeaux, roſſignols, où pinçons
Y faiſoient retentir leurs mignardes chanſons;
Tout le monde couroit dedans ce lieu champeſtre
Pour joüir des beautez qu'on y voyoit pareſtre;
De certaines douceurs y charmoient les eſpris,
Et d'une peſanteur les yeux étoient ſurpris
Dès qu'on auoit oüy le bruit de la fonteine;
En vain pour s'éueiller on ſe mettoit en peine;
L'agreable fraiſcheur de ce lieu nompareil
Toujours de plus en plus inuitoit au ſommeil:
Miſerables mondains, creatures fragiles
A vous y repoſer vous eſtiez trop faciles;
Il falloit éuiter des lieux ſi dangereux;
Mais vous ne ſauiez pas que ſept monſtres affreux
Y faiſoient leur demeure, & cachez dans les herbes
Vous deuoient déchirer de leurs griffes ſuperbes
Si toſt que leurs apas vous auroient endormis;
Ainſi pour vous punir les Cieux l'auoient permis

G

Ne voulans empescher ces funestes carnages
Afin d'exterminer de si lasches courages.
 Le bruit de ce desastre en tous lieux s'épandit,
Du haut de son rocher la Vertu l'entendit,
Et déplorant le sort du monde miserable
En fut comme indignée, & d'un soin fauorable
Y voulant donner ordre aupres d'elle appella
L'inuincible Constance, & soudain lui parla
De l'ennui qu'elle auoit, ô Nimphe ce dit elle,
Les hommes sont plongez dans une erreur nouuelle,
Ils quittent le sentier qui les conduit ici
D'autant qu'il est penible, & perdans le souci
De leur propre salut recherchent des delices
Que le Vice aussi-tost fait changer en suplices;
Deuant que tout se perde allez les secourir,
Assurez leurs espris, & gardez de perir
Ceux qui n'ont pas encor abandonné la lice,
Mais portez d'un bon zele, & fuyans la malice
Me veulent rendre hommage, & font tous leurs efforts
Afin de s'enrichir dans mes diuins tresors.
 A peine elle acheuoit que l'on vid la Constance
Descendre sur la terre, & donner assistance
A ceux qui trauailloient dans les difficultez
Pour gagner un rayon des celestes clairtez
Que la Vertu fait luire ainsi qu'une couronne
Alentour de son chef que la Gloire enuironne:
Le monde la receut comme un present de Dieu,
Celebra sa venuë, & fit en chaque lieu

Témoigner par des jeux l'allegresse publique;
La Nimphe étoit robuste, & son port heroïque
La faisoit reuerer des plus illustres Rois
Qui sur sa fermeté donnoient force à leurs lois;
D'un verd rameau de chesne elle étoit couronnée,
La fureur d'un Tiran ne l'eust pas étonnée;
Son visage étoit graue, & d'un clin de ses yeux
Donnoit de la terreur aux plus audacieux:
Vous estiez venerable ô diuine Constance;
Tous ceux qui se rangeoient dessous votre puissance
Paruenoient au bon-heur qu'ils auoient souhaité;
Vous joignez la douceur auec la grauité
Afin d'estre agreable, & vous rendre facile
Aux pauures affligez qui cherchent votre azile;
Lors par votre faueur le chemin fut batu
Pour paruenir au temple ou loge la Vertu;
Plusieurs auec ardeur à ses pieds se jetterent,
Et rauis de plaisir au retour emporterent
Mille dons precieux, & parurent depuis
Comme fermes rochers contre tous les ennuis;
Ils réglerent leurs mœurs, & régnans sur le Vice
Firent dedans le monde obseruer la Iustice:
Vous rendiez tout facile aux genereux espris;
Ils poursuiuoient toujours les desseins entrepris,
Et d'un cœur immuable ils aimoient à bien-faire,
Et jamais l'équité ne leur pouuoit déplaire.
O nompareille Nimphe on vid de toutes parts
Les hommes se camper dessous vos étendars;

G ij

On connut vos bontez dessus toute la terre ;
Les villes que troubloit l'orage de la guerre
En recourant à vous au milieu des trauaux
Soutenoient un long siege, & souffroient mille maux
Plutost que de se rendre, & faute de courage
Souffrir le deshonneur d'un penible seruage :
Par vous, belle Constance, elles se conseruoient ;
Leurs mortels ennemis à la fin se lassoient
Par la longueur du temps, & leur force guerriere
Cherchoit de s'occuper en quelque autre matiere :
Aussi-tost que quelqu'un s'est vers vous retiré
Contre tout accident il se sent preparé ;
Les pertes, les douleurs, & les longues miseres
Par votre dous moyen se rendent moins ameres ;
Vn secourable espoir marche à votre costé,
Il nous promet la fin de notre aduersité,
Et de voir succeder la joye à la tristesse,
Vous consolez l'esprit d'une subtile adresse
S'il veut preter l'oreille à vos diuins propos,
Au milieu de l'orage on trouue du repos ;
Vous secourez la veufue, & durant les allarmes
De son affliction vous essuyez ses larmes ;
Quoi que de traits hideux on figure la mort
Vous faites que sans crainte on attend son effort ;
On meurt pour son pays, & poussé de l'enuie
De viure auec honneur on prodigue sa vie ;
Mesme la verité possede des apas
Qui nous portent pour elle a cherir le trépas,

Et rire des frayeurs que la foiblesse imprime
Au malheureux qui meurt pour expier un crime;
On ne peut pas nombrer les biens qu'on a de vous
Qui trouuez mesme au fiel quelque chose de dous;
C'est régner qu'obeïr aux lois de votre empire;
Si quelqu'un y patit nul pourtant n'y soupire;
Il commande aux ennuis dont il est agité,
Et toujours la raison maintient sa liberté;
C'est par vous que les Rois s'éleuent des trofées ;
Par vous les trahisons demeurent étouffées
Dedans le cœur du traistre à faute de trouuer
D'autres gens comme lui qui veuillent approuuer
Le criminel dessein de son ame venale,
Et qui sans redouter l'autorité royale
Sur l'éclat des presens puissent ouurir les yeux,
Et se laisser gagner par les seditieux;
Vous veillez sur les bons, & pronte à les deffendre
Empeschez qu'un trompeur ne les vienne surprēdre;
Mais ceux que la superbe a rendus glorieux,
Qui ne peuuent borner leur vol ambitieux,
Méprisent la Iustice, & soüillez de cent crimes
Fuyent la majesté des pouuoirs legitimes
Comme monstres cruels dignes de vos mépris
Ne vous logent jamais dans leurs lasches esprits;
Vous ne confirmez point les conseils temeraires
Qu'ils prennent en desordre au fort de leurs affaires;
La Rochelle qui craint les armes de LOVIS,
Voyant tous ses desseins en l'air éuanouis,

*Et que la faim s'étoit de ses murs emparée
A cherché votre azile, & votre aide implorée;
Ie le sçai, belle Nimphe, Apollon me l'a dit,
Mais ce fut vainemant qu'elle vous attendit;
Vous n'estes point propice à des peuples rebelles,
Et vous fuyez toujours les ames criminelles;
On dit qu'au lieu de vous dessous votre manteau
La rage écheuelée, & tenant son flambeau
Entra dedans la ville où déja la misere
Auecque le demon qui fait qu'on desespere
Auoit pris sa demeure, & sous un joug de fer
Lui faisoit éprouuer les fureurs de l'enfer;
Vous estiez cependant au milieu de l'armée
De notre grand* LOVIS *à vaincre accoutumée;
Vous randez tout faisable à des cœurs genereux;
Plus la fatigue accroist plus ils sont vigoureux;
Vous seruez aux soldats d'une puissante escorte,
Les incommoditez qu'un si long siege apporte
Ne peuuent rien contre eux, & n'alentissent pas
Leur genereuse ardeur à chercher au trépas
Vne immortelle vie, & tous couuerts de gloire
Acquerir à leur Prince une belle victoire.
Chacun vous fait honneur dedans ce fameux lieu;
Mesme notre grand Roi qui paroist comme un* Dieu
*Que le monde regarde ainsi qu'une merueille
Se porte à vous aimer d'une ardeur nompareille,
Et fauorise ceux qui trouuent des apas
A ne quiter jamais les traces de vos pas;*

LES HIMNES.

C'est par vous que bien-tost on verra la Rochelle
Laisser auec l'orgueil le tiltre de rebelle;
Il faut qu'elle fléchisse, & que dans peu de jours
Les Lis soient arborez au plus haut de ses tours.
 O diuine Constance après cette conqueste
Ie vous ferai porter le laurier sur la teste,
Et marcher en triomphe auecque notre Roi
Qui doit remplir la terre ou d'amour, ou d'effroi;
Continuez toujours de nous estre propice;
Repoussez les malheurs sur les fauteurs du vice;
Que le grand MARILLAC qui vous loge chez lui
Soit toujours bien-heureux, & que sur votre appui
Il ait une grandeur à qui les Destinées
Ne limitent jamais le nombre des années:
C'est afin de complaire à son diuin esprit
Que la Muse pour vous m'a dicté cet écrit;
Son éclat me rauit, & ce n'est pas encore
Pour la derniere fois que ma plume l'honore;
Ie medite des vers dans un antre à l'écart;
Chaque illustre maison aura son himne à part,
Le beau fils de Latone approuuant mon ouurage
Me viendra visiter dedans ce lieu sauuage,
Et d'une viue ardeur m'animant à chanter
M'apprendra leur histoire afin de reciter
Les grandes actions des Demi-dieux de France,
Et me laissant conduire à sa douce influance
Malgré leurs enuieux je ferai mes efforts
A bien representer de si riches tresors;

C'est là que MARILLAC enuironné de gloire
Fera voir ses vertus d'éternelle mémoire;
Ie les peindrai si bien que leur rare beauté
Seruira d'un exemple à la posterité;
Pourvu que toutefois adorable Constance
Vous me fauorisiez d'une pronte assistance
Dans ce noble dessein par trop laborieux
Pour un homme mortel sans le secours des Dieux.

L'HIMNE DE LA VICTOIRE,
APRES LA REDVCTION DE la Rochelle.

A MONSEIGNEVR L'ILLVSTRISSIME CARDINAL DE RICHELIEV.

ARGVMANT.

LA Nimphe Stix meine sa fille Victoire à Jupiter pour le faire triompher des Titans ; ce Dieu la reçoit, & par son moyen ayant surmonté ses ennemis il luy donne en recompence le tiltre de Déesse, & l'enuoye dans le monde, où il veut qu'elle dispose souuerainemant de la grandeur des Rois; la Victoire execute sa volonté, & visite tous les peuples de la terre les uns après les autres selon l'ordre qui étoit prescrit dedans les Cieux.

Peuples couronnez vous ; faites des feux de joye ;
Exaltez le bon-heur que le Ciel nous enuoye,
Et que le nom du Roi mille fois rechanté
Soit un chant d'allegresse, & de prosperité ;
Que le monde applaudisse à ce puissant Monarque.
Et dresse à sa mémoire une éternelle marque.
 Vous qui participez aux belles actions
 Qui le rendent fameux parmi les nations,

H

Et font que de lauriers sa teste est couronnée;
Vous de qui la vertu de gloire enuironnée
Triomphe de l'enuie, & laisse un souuenir
Que le retour des ans ne fera point finir;
Vous que cet heureux siecle appelle ses delices
Incomparable Esprit dont tous les exercices
N'ont point d'autres objets que l'honneur de nos Rois,
Le bien de la patrie, & le maintien des lois;
Illustre Cardinal souffrez qu'a votre gloire
Ie vienne presenter l'Himne de la Victoire
Maintenant que nos vœux vous tiennent de retour,
Et qu'ayant surpassé tous les grands de la Cour
En sagesse, en vertus, en heureuse conduite
Vous voyez à la fin la Rochelle réduite
A perdre son audace, & sous-mise au deuoir
Reconnoistre sa faute, & quel est le pouuoir
Des armes de LOVIS qui par votre prudance
Doiuent porter plus loin les bornes de la France:
Bien que ma vois soit foible, & ne suffise pas
Pour chanter vos vertus auec assez d'apas
Ie sens une chaleur qui me presse d'écrire,
Et votre grand Genie exerce un tel empire
Sur mon petit esprit qu'il ne peut resister
Au flot impetueux qui le veut surmonter;
Il faut que je vous louë, & que bien-tost j'apelle
Tous les Dieux du Parnasse au tour de la Rochelle;
Ie prepare un poëme où si votre faueur
Fait signe d'aduouër ma genereuse ardeur

D'un recit merueilleux je décrirai sa prise,
Et l'adorable Auteur d'une telle entreprise
Ainsi que l'un des Dieux sera representé;
Cependant assuré sous votre autorité
Comme mon coup d'essai je ferai cet ouurage
Où ma Muse à vos piés rend le second hommage:
 I'ai décri la Fortune, & sa diuinité
A paru dans mon œuure auec quelque beauté;
Pour toi je cherche encor ô celebre Victoire
L'immortelle faueur des filles de Memoire;
Ie veux que l'on te suiue, & qu'au bruit de mes vers
Tu donnes de la crainte aux Rois de l'vniuers;
C'est par toi que Lovis le plus grand de la terre
D'un pouuoir souuerain a terminé la guerre;
Qu'il a chassé l'Anglois quand il fit ses efforts
De s'emparer d'une isle, & d'occuper ses ports,
Et qu'enfin sa vertu s'éleuant un trophée
A la rebellion dessous elle étouffée;
Par toi belle Déesse on verra ce grand Roi
Arbitre de l'Europe imposer une loi
Que le plus arrogant n'ozera pas enfreindre;
Déja de là les monts on commance à le craindre,
Et quiconque s'oppose à son autorité
S'il attend les assauts de ce Prince irrité
Il ne peut éuiter que dans un tel orage
Sa force ne succombe, & ne fasse naufrage.
 Vous ô diuines sœurs dont la dexterité
Donne à ceux qu'il vous plaist une immortalité,

H ÿ

Ouurez moi les trésors des histoires passées;
Maintenant dans mon ame inspirez des pensées;
Contez moi l'auenture, & le jour glorieux
Que la Victoire entra dans la troupe des Dieux;
Accomplissez mes vers, & si vous pouuez faire
Que le grand Richelieu *trouue dequoi s'y plaire*
Je fais vœu de mourir entre vos nourrissons,
Je donne tous mes soins à vos saintes chansons;
Je serai tout à vous, & dans la solitude
Votre art misterieux sera ma seule étude.

Déja depuis dix ans d'un combat furieux
Les Titans resistoient à la force des Dieux,
Et le cœur agité d'une incroyable audace
Ne pouuoient consentir d'abandonner la place
Au camp de Iupiter qui faisoit ses efforts
De gagner leur Empire, & les mettre dehors;
La palme étoit douteuse, & d'un pareil courage
Ces fameux ennemis disputoient l'auantage;
Quand Stix puissante Nimphe auec un train pōpeux
Voulant borner en fin ces debas perilleux
Fut trouuer Iupiter, & lui tint ce langage.
Bien-tost tout l'vniuers sera ton heritage;
Puissant fils de Saturne il faut qu'à cette fois
Les Titans ennemis fléchissent sous tes lois;
Je t'ameine ma fille heureuse en sa naissance
D'auoir sur toute chose une telle puissance
Que rien ne lui resiste, & ne peut arrester
La ruine de ceux qu'elle veut surmonter;

LES HIMNES.

Crois moi grand Iupiter je le sçai de Protée;
Ta fille, m'a t'il dit, se verra souhaitée
Des Dieux, & des humains, & régnant ici bas
Elle présidera sur le sort des combas.
On la nomme Victoire, & sa vertu sans doute
Va mettre en un clin d'œil tes ennemis en route,
Et sur eux affermir ton pouuoir ébranlé.
  A peine cette Nimphe auoit ainsi parlé
Que le grand Iupiter s'inclinant deuers elle
Receut à bras ouuers cette jeune pucelle
Qu'elle auoit amenée, & ressentit au cœur
Quelle est la volupté de se voir le vainqueur :
La Victoire l'anime, & l'effort de son foudre
Gronde, renuerse, étonne, & réduit tout en poudre:
Deslors ses ennemis chargez de pesans fers
Furent précipitez au profond des enfers,
Et leur ambition se perdit en fumée :
Quand il eut triomphé de leur puissante armée,
Et qu'il vid tout trembler deuant sa majesté
Transporté de plaisir dans sa prosperité
Il appella la Nimphe, & comblé d'allegresse
Ta fille aura, dit-il, le rang d'une Déesse;
Ie lui donne ce tiltre, & veux qu'à l'auenir
Toutes les nations gardent le souuenir
En voyant la splendeur qui déja l'enuironne
Que d'elle j'ai receu le septre, & la couronne.
En tenant ce propos il ne se peut lasser
D'embrasser la Victoire, & de la caresser;

Il admire sa taille, & tient toujours sa veuë
Sur les douces beautez dont le Ciel l'a pourueuë.
O Victoire, dit-il, belle Diuinité
Par qui je suis en fin sur le trosne monté
Tu pouras disposer des septres de la terre;
Tu seras en tous lieux arbitre de la guerre,
Et ceux que ta grandeur voudra fauoriser
Gouuerneront le monde, & pouront tout ozer;
Va dedans l'vniuers exercer ton empire;
Sois par tout venerable, & que chacun t'admire;
Que dessous ton pouuoir la Paix puisse fleurir,
Et que ton pront secours empesche de perir
Les justes Potentas dont les guerres ciuiles
Rauageront les champs, & détruiront les villes;
Affermis leurs étas, & que victorieux
Ils soient par ta faueur réuerez en tous lieux:
Alors que de deux camps l'vn sera mis en fuite,
Assize sur un char tu verras à ta suite
Mille Princes captifs dont le sort ennuyeux
Ne fera qu'augmanter ton éclat radieux;
Vn rameau de laurier couronnera ta teste;
Les peuples réjouis de ta belle conqueste
Chanteront d'allegresse, & de tout leur pouuoir
S'efforceront entre eux à te bien receuoir.
Là Iupiter se teut, & de plaisir comblée
Cette Déesse alors sortit de l'assemblée
Des grands Dieux immortels qu'elle auoit assurez,
Et comme on voit Thetis sur les flots azurez

Pompeuſe dans ſon char que de la mer profonde
Quatre cheuaux marins font voguer deſſus l'onde;
Les vents reſpectueux n'ozeroient émouuoir
L'endroit où la Déeſſe exerce ſon pouuoir;
Triton ſort pour la voir de ſes grotes humides,
Et fait dancer ſur l'eau les Nimphes Néreides
Au bruit de ſon cornet qui mèt tout à l'entour
Vn agreable calme en ce moite ſejour.
La Victoire de meſme entra dedans le monde
D'une magnificence à nulle autre ſeconde;
Elle étoit ſur un char que des Lions traiſnoient;
Cent treſors precieux autour d'elle éclatoient;
L'auguſte Majeſté, la Splendeur, & la Gloire,
Et le chœur immortel des filles de Memoire,
La Fortune, la Paix, l'inuincible Valeur
Après elle marchoient d'une amoureuſe ardeur;
La Force conduiſoit tout ce bel équipage;
La Foibleſſe, & la Peur lui venoient faire hommage
Se jettant à ſes piés, & n'ozoient ſeulemant
Leuer un peu les yeux deuers le firmamant;
La pronte Renommée ainſi qu'un grand tonnerre
Qui ſe feroit ouyr deſſus toute la terre
Alors que la Victoire en quelque lieu paſſoit
Animant ſa trompette aux peuples l'anonçoit;
Tout le monde accouroit pour voir cette Déeſſe
Qui gouuernant ſes yeux d'une ſubtile adreſſe
Rauiſſoit tous les cœurs, & ne manquoit jamais
De leur faire ſentir la douceur de ſes trais:

Dès qu'elle vid le peuple en grand nombre près d'elle
D'un port majestueux digne d'une immortelle
Elle tint ce langage ; à ce coup ô mortels
Il faut à Iupiter éleuer des autels ;
Les Titans sont à bas, & leur vaine arrogance
Est maintenant sousmise à sa juste puissance,
Reuerez à genoux ce Roi de l'vniuers ;
Toujours à ses costez deux vaisseaux sont ouuers,
Dans l'un il prend les biens qui seruent de salaire
A ceux qui sous ses lois s'efforcent de bien faire,
Et dedans l'autre il puise un suplice éternel
Pour châtier l'orgueil de l'homme criminel ;
Prenez garde à bien viure, & n'ayez pas l'audace
De faire une injustice, & de suiure la trace
Des Titans enchaisnez qui trop audacieux
Ont ozé vainemant se comparer aux Dieux.

   Ainsi dit la Victoire, & d'une mesme atteinte
Elle mit dans les cœurs & l'amour, & la crainte :
Si tost qu'elle apperceut que sa diuinité
Auoit acquis au monde assez d'autorité
Elle se retira dans un épais bocage
A qui le fer encor n'auoit point fait d'outrage ;
Là ceux qui la prioient d'un cœur deuocieux
Obtenoient le bon-heur d'estre victorieux
Des fortes passions de qui la tiranie
Donnoit à leur esprit une peine infinie ;
C'est là qu'ils apprenoient à se bien commander ;
Vn bon ordre régnoit qui faisoit tout ceder

                                 Aux

Aux lois de la raison a qui sans contredire
Ils accordoient toujours un souuerain empire.
Tandis en diuers lieux la guerre s'alluma,
Et sans plus differer la Déesse s'arma,
Et montant sur son char aux combas animée
Alla vers Babilone, & se mit dans l'armée
Du Prince d'Assirie, & fit de toutes parts
Fléchir les nations dessous ses étendars;
Elle n'a point d'arrest, mais comme vagabonde
Sans auoir de repos elle court tout le monde;
L'un est secouru d'elle, & l'autre abandonné
Selon que dans le Ciel il se trouue ordonné.
Long temps aux Rois de Perse elle fut fauorable;
Puis en fin cet Empire aux autres redoutable
Receut du changemant en sa prosperité,
Et toute sa grandeur n'étant que vanité
Les eaux de Salamine, & les champs de Platées
Virent dessous les Grecs ses forces surmontées;
Elle fauorisa ces peuples genereux;
Alexandre depuis de la gloire amoureux
Auecques sa grandeur charma cette Déesse
Qui le fit redouter des peuples de la Grece,
Et les Perses vaincus rangez dessous ses lois
Virent monter ce Prince au trosne de leurs Rois:
Dieux! qu'il dōna d'assauts! qu'il gagna de batailles!
Que ses braues soldats forcerent de murailles!
Et qu'il eut contre lui de puissans ennemis!
Il vid presque à ses lois tout le monde sousmis,

I

Et sa gloire vola dessus toute la terre
Il fut nommé par tout le Demon de la guerre;
La Victoire jamais n'abandonnoit ses pas;
Elle prenoit plaisir à suiure ses apas,
Et faisoit prosperer toutes ses entreprises;
Plus de cent nations furent par lui conquises;
Toujours pour le défaire on fit de vains efforts,
Et la Mort sous ses traits n'abatit que son corps
La splendeur de son nom est toujours demeurée,
Et les siecles n'ont pu limiter sa durée.
Après que ce grand Roi d'un insensible cours
Au milieu des mortels eut accompli ses jours
La Victoire autre-part poursuiuit son voyage;
La Gaule, & l'Alemagne, & les riues du Tage
Sentirent sa presence, & leurs noms glorieux
Arracherent la palme aux plus victorieux;
Elle fut à Carthage, & d'une longue suite
L'abondance des biens y vint sous sa conduite;
Mais enfin tout se change, & le sort inconstant
Des choses d'ici bas se transforme à l'instant
En diuerses façons, & tourne sur sa rouë
Les grandeurs des mortels dont son pouuoir se jouë;
Hannibal fut défait, & l'effort des Romains
Lui rauit le bon-heur qu'il auoit en ses mains,
Scipion triompha de l'honneur de Carthage,
Et retournant à Rome après ce grand voyage
Enmena la Victoire au riuage latin
Où déja dès long temps sur le mont Auentin

Dans le pourpris d'un temple elle étoit adorée;
Ces peuples genereux l'ont toujours reuerée,
Et la Deesse aussi les a fait prosperer
Tant que la Volupté se venant emparer
De leurs riches maisons amolit leur courage,
Et leur fit perdre en fin le puissant auentage
Qu'ils auoient obtenu parmi tout l'vniuers;
On vid incontinant mille troubles diuers
Auancer leur ruine, & sous de nouueaux Princes
L'Empire vid piller ses fertiles prouinces;
Plusieurs peuples alors aux enuirons du Rhin
Ne pouuans suporter le pouuoir souuerain
Qu'exerçoient les Romains ensemble se liguerent
Pour secouër le joug, & par force emporterent
Plusieurs grandes Citez., & d'un bras vigoureux
En mille beaux exploits paroissans desireux
D'honneur, & de franchise ainsi qu'un grand orage
Rompirent les rempars qui gardoient leur passage;
On les nomma François sous qui la liberté
Se dégageant des fers se vid en seureté;
Ceux que Rome oppressoit dessous un joug trop rude
Se joignoient auec eux fuyant la seruitude;
Les plus nobles Gaulois gardant le souuenir
Des lauriers qu'autrefois on leur vid obtenir
Sur le peuple Romain de leur perte rougirent,
Et comme il est croyable à ces troupes s'unirent
Inuitans les François de venir secourir
Leur puissance abatuë, & faire refleurir

Les fortes nations qui sur les bords de Seine
Enduroient à regret l'autorité Romaine;
Leur parti deuint grand, & son cours furieux
Donna de l'épouuante aux plus audacieux,
La Déesse Victoire auec de l'allegresse
Arriua près du Rhin, & leur donna l'adresse
De passer ce grand fleuue, & dessus l'autre bord
Etablir leur Empire auec un tel effort
Que tout ploya sous eux, & leur puissante armée
Fit par tout les pays courir sa renommée;
La Gaule se sousmit, & receut de bon cœur
Les fauorables lois qu'imposa le vainqueur;
Elle changea son nom, & prit celui de France;
Les Gaulois, & les Francs n'ont plus de differance;
Ce n'est qu'un mesme peuple, & sous un mesme Roi
S'étans unis ensemble ils remplirent d'effroi
Les étas mal fondés des nations voisines,
Et tous les étrangers qui comme des rauines
Inondoient les pays qu'ils venoient d'acquerir
Furent tournez en fuite, ou contrains de perir
Y firent leurs tombeaux, & la belle Victoire
Augmenta des François la grandeur, & la gloire.
Puissante Deité qui les fis triompher,
Et leur permis alors de pouuoir étouffer
Les monstres inhumains qui dépeuploient la terre;
Qui pouroit reciter combien de fois en guerre
Ils ont par ta faueur vaincu leurs ennemis?
Arbitre des combas ce fut toi qui les mis

Au comble du bon-heur, & tu maintiens encore
Leurs Rois victorieux que tout le monde adore ;
Iamais aucun effort n'a pu les mettre à bas,
Et si par fois le Ciel a détourné tes pas
Permettant que leur camp pust receuoir du pire
Il vouloit seulemant éprouuer leur Empire,
Et donner à connoistre aux superbes esprits
Qu'il peut aneantir ce qu'ils ont entrepris ;
Nompareille Victoire adorable Déesse
Qui traisnes après toi les jeux, & l'alegresse
Notre Roi maintenant te retient à sa Cour ;
Tu ne sortiras plus de ce diuin sejour ;
Ta presence toujours fera craindre ses armes ;
Quel Prince en l'vniuers possede plus de charmes,
Et qui merite mieux de t'auoir près de lui
Que notre grand LOVIS qui triomphe aujourd'hui
De tous ses ennemis, & d'un courage extrême
Leur pardonnant encor se surmonte soi-mesme ?
Nòn, non, grande Victoire il n'est rien de pareil ;
Soit en paix, soit en guerre il est dans son Conseil
Comme un Dieu clair-voyant qui connoist les pensées ;
Et sçait de quel esprit les ames sont poussées ;
Il juge le merite, & la fidelité
De ceux qu'il fait tenir près de sa Majesté,
Et ne permet jamais qu'une ame vile, & basse
Dans les charges s'éleue, & les autres surpasse ;
S'il a des fauoris ce sont autant de Dieux ;
Sa Cour incomparable est l'image des Cieux

LES HIMNES.

On y voit un Prelat que la Vertu fit naistre
Parfait en toute chose, & digne d'un tel Maistre;
Le Soleil qui voit tout n'a point vu dans son cours
Vn siecle plus heureux que celui de nos jours;
Demeure en asseurance auprès de ce Monarque
Qui pour laisser au monde une éternelle marque
De tes douces faueurs, & des actes guerriers
Par qui son heureux septre est couuert de lauriers
Veut orner de ton nom sa Majesté Royale,
Et desormais te rendre à la Iustice égale
Dont il porte le tiltre, & faire qu'en tous lieux
On le nomme à jamais IVSTE, & VICTORIEVX.
Et vous grand RICHELIEV qu'on peut justemãt dire
Le tresor de LOVIS, & l'heur de son Empire
Iouïssez maintenant du fruit de vos trauaux;
Nous sommes arriuez à la fin de nos maux;
La Rochelle est par terre, & l'audace enragée
Qui régnoit sur ses murs au deuoir s'est rangée;
L'honneur vous enuironne, & l'on voit la splendeur
Auec tous ses apas suiure votre grandeur.
Ie réserue à parler de vos faits heroiques
Dans l'ouurage où mes vers rendus plus magnifiques
N'auront point d'autre objet que de representer
Vos rares qualitez que l'on voit éclater
Ainsi qu'un beau Soleil qui dedans sa cariere
Conduit nos actions par sa viue lumiere;
C'est là qu'on peut trouuer mille ornemans diuers;
Les tresors d'Apollon sont maintenant ouuers;

Le cours de votre vie est rempli de merueilles,
Et l'on ne voit de vous que choses nompareilles;
L'Anglois en est témoin qui vid deuant ses yeux
De vos graues conseils les succez glorieux
   Quand malgré le secours de sa pompeuse armée
On mit à la raison la ROCHELLE affamée;
Les peuples étrangers d'un courage étonné
Craignent le grand Esprit que Dieu vous a donné;
Sur les plus accomplis vous auez l'auantage,
Et vous faites parestre une certaine image
De la Diuinité qui sçait autoriser
Les desseins merueilleux qu'on vous voit proposer;
Que tout se rède à vous; que tout vous fasse hōmage;
Que la belle Victoire auec un dous visage
Toujours vous accompagne, & réponde à vos vœux;
Que le Temps soit vaincu de votre nom fameux;
Que la posterité graue dedans ses temples
Vos grandes actions pour lui seruir d'exemples;
Si quelqu'un dans ses vers parle de RICHELIEV
Que sous l'habit d'un hōme il nous décriue un DIEV;
Vous n'estes point sujet à l'humaine impuissance;
Votre rare vertu vous donne une autre essance,
Et le Ciel fauorable a voulu vous parer
D'un éclat de grandeur qui vous fait adorer;
Que sous vous l'âge d'or recommance a parestre;
Qu'une éternelle paix en tous lieux puisse naistre;
Qu'en fin l'art d'Apollon plus doucemant traité
Reprenne en vos faueurs sa premiere beauté;

Viuez grand Cardinal, & que les Destinées
Vous puissent deuider un grand nombre d'années;
Que le bonheur vous suiue ainsi que la Vertu,
Et qu'enfin le desordre a vos piés abatu
Soit bani de la France, & qu'aux pays étranges
Auecque sa ruine il porte vos loüanges.

L'HIMNE DE LA RICHESSE,

A MONSEIGNEVR LE MARQVIS DESFIAT, CONSEILLER DV ROY EN ſes Conſeils d'Eſtat & Priué, & Surintendant de ſes Finances.

ARGVMANT.

La Richeſſe eſt repreſentée comme une Déeſſe qui par ſa beauté charme les yeux de ceux qui la regardent; c'eſt d'elle que viennent les grandeurs du monde; quiconque a le bon-heur de ſucer ſa feconde mamelle ne manque de rien; chacun lui porte honneur, & taſche de lui plaire : Le grand DESFIAT y paroiſt comme celui qui conduit cette belle Déeſſe, & qui par ſa magnificence fait régner les delices ſur la la terre.

Non, ne differons plus en ſi belle matiere;
On ne peut s'égarer parmi tant de lumiere;
Rendons à la Vertu ce qu'elle a merité;
Que ſon éclat s'étende à la poſterité,
Et qu'en fin DESFIAT *environné de gloire*
Entre comme en triomphe au temple de Mémoire;
Il ſera ſur un char doré de toutes parts;
Deuant on portera dans de grands étendarts

K

L'image des vertus qui le font voir au monde
Doüé d'une excellance à nulle autre seconde:
Là de ses actions le récit glorieux
Donnera de l'enuie aux plus ambitieux
Qui se voyans vaincus forceront leur courage
D'aduoüer que sur eux il a de l'auantage;
L'adresse de son corps, sa douce majesté,
Son port digne d'un Dieu, sa force, & sa beauté
Rauiront tout le peuple, & parmi les loüanges
Se feront admirer des nations étranges:
Le Silence, & l'oubli, le malheur, & l'ennui
Comme ennemis captifs marcheront après lui:
Là pour donner plaisir aux peuples de la terre
Ce monstre qui chez soi tous les tresors enserre
La cruelle Auarice à qui rien ne suffit,
Et qui du sang d'autrui ses entrailles nourrit
A ce char attachée, & surprise de rage
Gémira sous le fais d'un penible seruage;
Ses rauissantes mains se verront dans les fers;
Ses pillages maudits ne seront plus souffers.
Elle sera punie, & portera la peine
Qu'a cent fois merité sa rigueur inhumaine.
Vous, ô belle Richesse, à qui tous les mortels
Ne peuuent refuser l'encens, & les autels,
Agreable Déesse, appui de notre vie
Vous serez là des jeux, & des Amours suiuie;
Ce Marquis maintiendra votre diuinité,
Et dans ce char pompeux assise à son costé

Ayant dessus la teste une riche couronne,
Et superbe en habis vous ne verrez personne
Qui ne vous porte honeur, & vous jettant des fleurs
N'ait recours à votre aide au fort de ses malheurs:
Qui ne seroit raui de vos rares merueilles?
Pourroi-je maintenant vous refuser mes veilles?
Est-il quelque barbare à qui vos dous apas
Ne donnent point d'atteinte, & qui ne sente pas
Le suprême pouuoir de votre grand Empire?
Non, non; c'est à vous plaire où tout le monde aspire;
Je veux à vous louër exciter les esprits,
Ecrire auec ardeur, & disputer le pris;
Desfiat qui vous aime approuuera l'ouurage
Si tost que dans cette himne il verra votre image:
Cet homme genereux s'étant laissé charmer
Voudra par sa faueur d'autant plus m'animer
A dire sa loüange, & d'un chant heroique
Laisser de sa grandeur une marque publique.
Déesse sans tarder faisons votre tableau;
On n'a jamais écrit sur un sujet plus beau;
Tout ce qu'ont dit Virgile, & le Chantre de Grece
Vous doit ceder la palme ô puissante Richesse;
A peine ce papier aura receu mes vers
Que votre nom fameux qui remplit l'vniuers
Leur donnera la vogue, & dedans ses prouinces
Les fera paruenir aux oreilles des Princes.
 Par où commencerai-je à vous representer?
Quelles belles couleurs me faut-il aprester?

Qui sera mon recours ? & par quelle extremise
Pourrai-je heureusemant accomplir l'entreprise
De votre belle image, & d'un parlant pinceau
Faire voir à la France un miracle nouueau ?
Déja je vous aurois au secours appelée
Si votre deité ne s'étoit reculée
Du sacré mont Parnasse, & n'auoit à mépris
Les vœux, & les souhaits de ses fameux espris,
Pour cela toutefois je ne perds pas courage;
Le mieux que je pourrai je ferai votre image;
Comme un grand astrologue obserue dans les Cieux
Les astres bien qu'ils soient éloignez de ses yeux,
Il voit leur mouuemant, & qu'elle est leur carriere;
Il connoit leurs beautez, & d'un peu de lumiere
Il sçait conjecturer leur extreme grandeur;
Ie ferai tout de mesme, & de pareille ardeur
Recherchant vos attrais pour qui chacun soupire,
Et remarquant l'éclat de votre bel Empire,
Ie poursuiurai cette himne, & le Temps ne pourra
Vous rauir la splendeur qu'elle vous donnera.
Tout ce que vous auez est digne des Déesses;
Il faut s'imaginer que vos diuines tresses,
Ainsi qu'il est croyable, éclatent comme l'or;
Que votre beau visage est un rare tresor
De graces, & de ris, d'attrais, & de delices;
Que vos yeux triomphans sans aucuns artifices
Surprennent tous les cœurs d'un pouuoir indonté;
Leur regard est fatal à notre liberté;

Ils charment les espris, & leurs douces amorces
Régnent cõme il leur plaist sur les plus grandes forces;
Ils sont les Dieux du monde, & nul n'est bienheureux
Dedans ses actions s'il n'est regardé d'eux;
Vous auez un beau sein où les Amours habitent,
Et de signes mignards doucemant nous inuitent
A baiser sa blancheur, & succer à loisir
La diuine liqueur qui produit le plaisir:
O que vos fauoris ont de transports en l'ame,
Et qu'ils sont échauffez d'une agreable flame
Quand vous leur belle Reine accordez à leurs vœux
L'honneur de s'enlacer dedans vos beaux cheueux,
De baiser votre main qui donne les Empires,
Et se voir en vos bras à la fin des martires;
Vous leur montrez a nu ce sein delicieux
Capable de changer les hommes en des Dieux,
Et vous leur presentez votre douce mammelle
Qui porte en tous endrois le bonheur auec elle;
Si tost qu'ils l'ont tirée auec auidité
Ils ne paressent plus ce qu'ils auoient esté;
Leur maintien est tout autre, ils changent de langage,
L'affluence des biens assure leur courage;
La Grandeur tient sous eux les malheurs enchaisnez;
Et d'un rayon de gloire ils sont enuironnez;
L'honneur les accompagne, & semble que la terre
N'ait produit que pour eux les tresors qu'elle enserre;
Vous maintenez les Rois dans leur autorité;
Votre aimable presence accroist leur majesté,

Les fait aimer du peuple, & mèt sans resistance
Diuerses nations en leur obeissance;
S'il s'émeut quelque guerre on voit de toutes parts
Les soldats se ranger dessous leurs étendars;
Par vous dans chaque ville ils ont intelligence;
Votre éclat est un foudre, & par sa violence
Vous leur donnez passage entre les ennemis,
Et l'Vniuers n'a rien qui ne vous soit soumis.
Bien que notre grand Roi soit illustre en la guerre,
Que sa main soit aprise à lancer le tonnerre
Sur les audacieux, & qu'il soit reuétu
De tous les ornemans que donne la Vertu
Il a besoin de vous en ses belles conquestes;
Vous soutenez son septre au milieu des tempestes;
Votre pompe éblouït les yeux des étrangers;
Les gensd'armes pour vous méprisent les dangers;
La Victoire vous suit, & trouue que vos charmes
Sur elle peuuent plus que la force des armes:
Alors qu'on entreprit de remettre au deuoir
Les mortels ennemis du plus juste pouuoir
Qui régne sur la terre, & qu'une grande armée
Tint la rebellion dans ses murs enfermée,
Vous allastes trouuer l'inuincible Lovis;
Ses gens a votre abord furent tous rejouïs,
Et lui faisant parestre une vigueur nouuelle
Plus fort qu'auparauant presserent la Rochelle;
Alors on fit la digue ouurage merueilleux
Qui deuoit étonner ces peuples orgueilleux

Qui poussez d'une rage a nulle autre seconde
Refusoient d'obeir au meilleur Roi du monde;
DESFIAT qui régit vos tresors precieux
Entra dedans le camp comme quelqu'un des DIEUX
Qui fust arrivé là pour soulager les peines
Que ce siege donnoit aux plus grands capitaines;
Que sa douce venuë apporta de plaisirs!
Et qu'elle satisfit grand nombre de desirs!
Je ne puis pas comprendre en ce petit ouvrage
Tout l'honneur qu'il receut de ce fameux voyage;
Vous le faisiez parestre avec une splendeur
Dont il faut seulemant admirer la grandeur.
Déesse vous rendez toutes choses prosperes;
Vos aimables faveurs dissipent les miseres;
Le bon-heur suit les pas de ceux que vous aimez,
Et sans vous les mortels sont comme inanimez;
Les grãds Princes sans vº ne sont point magnifiques
On ne voit rien de beau dans les places publiques
Si vous ne les ornez par vos inventions;
Richesse vous régnez sur les affections
Des grands, & des petits, & tout ce qu'on peut faire
N'est jamais entrepris qu'a dessein de vous plaire;
Alors que le Poëte est éloigné de vous
Sa veine est languissante, & ne fait rien de doux;
C'est toujours vainemant qu'Apollon il appelle;
Ses vers ne donnent point une gloire immortelle
A ceux dont il a mis les beaux faits par écrit;
Les incommoditez auilissent l'esprit;

Et ne permettent pas qu'il ait assez d'audace
Pour puiser aux ruisseaux des vierges de Parnasse;
C'est vous qui produisez la generosité,
La splendeur, le pouuoir, l'honneur, la majesté;
Vous donnez le repos, les plaisirs, & la joye;
Vous enchaisnez les cœurs auec l'or, & la soye;
Personne ne se plaint de sa captiuité
Lors que par vos attraits on se trouue enchanté;
L'espoir de vos faueurs anime les courages;
On vous cherche sur mer au milieu des orages;
Pour vous on ne craint point la fureur du trépas;
Votre éclat nompareil a de si dous apas
Que chacun vous desire, & l'ame étant blessée
Des trais de votre amour n'a point d'autre pensée;
Mesme les réformez ne vous peuuent bannir;
Vous seruez dans le cloistre a les entretenir;
Vous parez les autels, & le peuple contemple
Vos superbes presens dedans un riche temple.
 Puissante deité, compagne des grands Rois
Il faut pour vous loüer une plus forte vois,
Vn esprit plus solide, & qui connoisse encore
Mieux que moi vos beautez que tout le monde adore;
J'ai fait ce que j'ai pu pour vous representer,
Et deuant que l'ardeur qui me porte à chanter
Abandonne mon ame, il faut que cèt ouurage
Fasse à votre Marquis quelque sorte d'hommage;
Qu'il ait recours à lui contre les enuieux,
Et que sous sa faueur il paroisse en tous lieux.

Grand

Grand Ministre d'Etat dont la sage conduite
Entretient un bon ordre, & fait prendre la fuite
Aux superbes voleurs qui violans leur foi
Pilloient subtilemant les finances du Roi,
Ayez a gré ces vers qui jusqu'aux bords du Gange
Iront de toutes parts porter votre loüange
Si vous les approuuez, & montrez tant soit peu
Que vous les honorez d'un favorable adueu;
C'est en vain qu'Apollon fait résoner sa lire;
En vain les beaux esprits sauent l'art de bien dire;
Leurs noms, & leurs écris demeurent inconnus
Si du suport des Grands ils ne sont maintenus;
Calliope est timide, & n'a pas le courage
De quiter les deserts de son fameux riuage
Si quelque bon accueil ne l'attire à la Cour;
Rétablissez son art en ce diuin sejour;
Le monde pour vous plaire en fera grande estime,
Les censeurs n'oseront blamer la moindre rime
Retenus du respec de votre autorité
Qui sera venerable à la posterité;
Ainsi que vos grandeurs n'ayent point de limites;
Iouïssez d'un bon-heur égal à vos merites,
Et que vos ennemis dessous vous abatus
Ressentent le pouuoir de vos rares vertus.

L'HIMNE DE LA POESIE.

A MONSIEVR LE BEAVCLERC, Conseiller dv Roy en ses Conseils d'Estat & Priué.& Secretaire de ses Commandemans.

ARGVMANT.

La beauté de la Poësie est representée dans cette hymne ; on y voit son vtilité qu'elle ioint auecque le plaisir pour se rendre plus agreable, & charmer l'esprit de ceux qu'elle veut instruire.

Muse couronnez vous de vos sacrez rameaux;
Ie viens vous visiter sur le bord de vos eaux;
Et parmi les douceurs de ces lieux solitaires
Apprendre les secrets de vos diuins misteres;
Appelez y vos sœurs, & que d'un ordre égal
Dessus ces tapis verts elles meinent le bal;
Faites sortir de l'eau les Nimphes de la Seine
Par les charmes puissans dont votre bouche est plaine;
Chantez ô Calliope, & sur vos instrumans
Donnez à votre vois de si dous mouuemans
Que BEAVCLERC s'y contète, & trouue les merueilles
Que j'apprendrai de vous dignes de ses oreilles;

LES HIMNES.

Si cet homme fameux se declare pour vous
Vos plus grands ennemis s'en viendront à genous
Honorer vos chansons, ou contrains de se taire
Ne publiront plus rien qui vous puisse deplaire.

   L'art de faire des vers est un present des Cieux
Qui fait placer un homme au rang des Demi-dieux;
Vne ame du commun ne fut jamais saisie
De la sainte fureur qui fait la poësie;
Mille chantres fameux dedans l'antiquité
Ont voüé leur trauail à la Diuinité
Pour loüer sa grandeur comme ayans receu d'elle
Le mémorable don d'une chose si belle;
Leurs esprits plus qu'humains ont acquis dans les vers
Vn bruit qui dure encor par tout cet vniuers;
C'est d'eux que la vertu receuoit son salaire;
Chacun pour la loüange aprenoit à bien faire;
En donnant du plaisir ils faisoient des leçons;
Le vulgaire admiroit leurs diuines chansons,
Et leur portant honneur croyoit que les Poëtes
Fussent dessus la terre ainsi que des prophetes
Qui bien-aimez des Dieux sauoient leurs volontez;
En ce temps bien-heureux on voyoit les Citez
Ensemble disputer l'honneur de leur naissance;
Toujours de temps en temps cette rare excellante
De bien faire des vers a charmé les esprits;
Les Grecs, & les Latins ont laissé des écris
Auecque des beautez qui ne se peuuent lire
Sans gagner sur les cœurs un souuerain empire:

L ij

Durant le dernier siecle on a vu des François
Charmer de leurs douceurs les oreilles des Rois,
Et faisant admirer les filles de Memoire
Mettre la Poësie au comble de sa gloire :
L'honneur où par les vers on les vid éleuer
En excita plusieurs qui pensant arriuer
A ce mesme bon-heur, auec de l'artifice
Voulurent se mesler de leur docte exercice ;
Mais les sœurs d'Apollon ne fauorisent pas
Toute sorte d'espris, & leurs diuins apas
Qui sauent plaire à ceux qui portent les couronnes
Ne se rencontrent pas en beaucoup de personnes ;
Parmi tout ce grand nombre il en parut bien peu
Qui fussent échauffez d'un veritable feu ;
C'étoient des ignorans dont l'infertile veine
Produisoit peu de chose auec beaucoup de peine ;
Miserables rimeurs qui lassant les espris
Au lieu d'estre loüez ont causé le mépris
De cet art nompareil qui paroissoit au monde
Doüé d'une splendeur à nulle autre seconde :
Les doctes toutefois de qui le jugemant
Doit sur tels differens régner absolumant
Reconnoistront qu'à tort les vers on mesestime
Qui joignent la science aux douceurs de la rime ;
Ceux qui seront bien-faits se doiuent mettre à part ;
Si quelque peintre ainsi mal habile en son art
Fait de mauuais tableaux il en a seul du blame ;
La peinture pourtant ne deuient pas infame,

Et le trait delicat d'un excellant pinceau
A l'œil des curieux ne paroiſt pas moins beau:
Il faut aimer les vers, & je tiens impoſſible
Que ſans eſtre brutal, ou du tout inſenſible
De l'entretien de l'homme on les puiſſe banir;
Les Rois ont intereſt de les entretenir,
Et tant de Demi-dieux autour de la Rochelle
N'obtiendroient pas ſans eux une gloire immortelle:
Qui diroit ſans cet art à la poſterité
L'honneur que tant de fois BEAVCLERC a merité?
Ie ne puis ignorer qu'une fameuſe hiſtoire
Ne conſerue toujours au temple de Memoire
Ses belles actions, & comme en tous endrois
Il a donné ſes ſoins au bon-heur des François;
Mais ce n'eſt qu'un récit des choſes mémorables;
Les Muſes vont plus outre, & leurs vers admirables
Ayans repreſenté les belles actions
Leur donnent la loüange, & leurs inuentions
Nous décriuant un homme auec de l'excellance;
Ne le laiſſent jamais ſans quelque recompance
C'eſt d'elles qu'on apprend à ſuiure la Vertu;
Par leurs puiſſans efforts le vice eſt combatu;
Leur langage flateur adoucit nos trauerſes,
Et tourne les eſpris en cent façons diuerſes;
Ainſi le grand Homere ayant repreſenté
Des exemples fameux de generoſité
Anime les Seigneurs qui liſent ſon ouurage
A montrer aux combas leur force, & leur courage;

On se rend vertueux afin d'estre estimé;
On fait de beaux exploits pour estre renommé,
Le public en profite, & maintient son empire
Par le desir d'honneur où tout le monde aspire;
La loüange contient de certaines douceurs
Qui sauent captiuer toute sorte d'humeurs;
Alors qu'on a loüé de genereux faits d'armes
Ce discours fauorable a je ne sçai quels charmes
Qui surprennent les cœurs, & d'une viue ardeur
Les inuitent d'atteindre à la mesme grandeur
Où cent fameux guerriers grands coducteurs d'armée
Ont fait par leurs trauaux monter leur renommée;
On peut tirer des vers beaucoup d'utilité;
Les pauures amoureux qu'une ingrate beauté
Fait languir dans ses fers les trouuent secourables,
Et voyant les discours de tant de miserables
Qu'une injuste Venus a fait desesperer
Chacun se peut resoudre ou de se separer
Tout a fait de l'amour, ou choisir quelque fille
Qui de tres bonnes mœurs, complaisante, & gentille
Termine enfin sa peine, & donne à son desir
Sous les lois d'himenée un licite plaisir.
Mais que veux-je entreprendre? il est bien difficile
De declarer combien ce bel art est utile;
Toutes sortes de gens y peuuent profiter;
Son adresse consiste à bien representer
Tous les diuers objets qui sont en la nature;
Enfin la Poësie est comme une peinture

Dont le beau coloris fait pareſtre à nos yeux
Ce que nous peut donner l'influance des Cieux;
Les fertiles moiſſons qui dorent les campagnes,
Et les ſombres foreſts qui couurent les montagnes,
Les antres, les deſerts, le murmure des eaux,
Les fleuues couronnez de joncs, & de rozeaux,
Les prez riches de fleurs ornemans des riuages,
Et meſme les eſpris y trouuent leurs images;
Que c'eſt un grand plaiſir de voir ſes fictions
Voiler en leurs diſcours toutes nos paſſions!
Et nous repreſentant un pourtrait de la vie
Décrire les aſſauts dont elle eſt pourſuiuie!
Nombrer tous les malheurs, & les felicitez,
Et deſſous le manteau des fauſſes deïtez
Faire aimer les vertus, & deteſter les vices!
A ſes inſtructions elle joint les delices
Pour eſtre plus aimable, & gliſſer doucemant
Ses preceptes diuins dedans l'entendemant;
Elle meſle l'utile auec le delectable,
Et dans la choſe feinte enclôt la veritable:
Tout ſe laiſſe charmer aux douceurs de ſa vois,
Et c'eſt un entretien digne des plus grands Rois
Qui parmi les honneurs d'un floriſſant Empire
Ont pris ſouuent plaiſir de chanter ſur la lire,
Et faire des chanſons dont la rare beauté
D'une gloire nouuelle ornoit leur majeſté;
Notre diuin Paſteur établi de Dieu meſme
Pour tenir ſur la terre une place ſupreſme

Comme son lieutenant qui conduit ici bas
Ceux qui sont batisez, & renez au trépas
De l'amoureux Aigneau de qui le sang propice
Fait viure le pécheur en detruisant le vice
L'incomparable Vrbain parmi cette splendeur
Qui reluit alentour de sa sainte grandeur,
Et le rend venerable aux legions des Anges
Entre tant de clameurs qui disent ses loüanges
Ne fait pas peu d'état de s'ouir estimer
De bien faire des vers, & de les animer
D'un esprit tout de feu qui donte les courages,
Et leur fait admirer de si diuins ouurages:
Les hommes releuez dont le nom glorieux
Par la faueur des vers triomphe en mille lieux,
Et ne craint point l'oubli qu'ameinent les années
Cherissent ce bel art qui fait leurs destinées,
Et de leurs actions garde le souuenir;
Mais les gens de neant voudroient faire banir
Ce langage diuin qui les âges surmonte
D'autant qu'il se tait d'eux s'il ne parle à leur honte.
 Vous, BEAVCLERC, qui brillez d'un éclat nõpareil
Entre les DEMI-DIEUX qui sont dans le conseil
De notre grand LOVIS & vous faites parestre
Auec tous les deuoirs qu'il faut rendre à son Maistre,
Etant si vertueux vous deuez estimer
L'entretien d'Apollon qui fera renommer
Vos rares qualitez, & publier au monde
De combien de vertus votre belle ame abonde;
         Autorisez

Autorisez les vers, maintenez leur beauté,
Chacun deffere tant à votre integrité
Que si vous approuuez un si bel exercice
Tout le monde croira qu'on ne peut sans malice
Blamer la Poësie au gré des enuieux
Qui ne possedent pas cet art qui vient des Cieux,
Et que Dieu donne aux siens pour récreer les Princes
Dans les soins importans de régir leurs prouinces,
Les faire renommer parmi les nations,
Et conseruer aussi toutes les actions
Des grands hommes d'Etat qui d'un masle courage
Font subsister les Rois au milieu de l'orage,
Maintiennent leur Empire, & d'un prudent auis
Broüillent les ennemis dont ils sont poursuiuis;
Ce sera dans les vers que les races futures
Apprendront de nos jours les belles auentures;
Cent fameuses Citez remises au deuoir
Comme dans des tableaux y feront toujours voir
Les triomphes du Roi qui sur toute la terre
Fait parler du bon-heur qui le suit à la guerre:
D'un trait qui doit durer jusques au dernier jour
Il me plaist d'y grauer le glorieux retour
Qu'il a fait dans Paris entre cent beaux portiques
Après auoir donté l'orgueil des heretiques
Qui tenoient la Rochelle, & trop audacieux
Refusoient d'obeir au fauori des Dieux;
C'est là que le merite aura sa recompance,
Et joüira des fruits d'une longue esperance;

M

Là d'un ancre immortel entre les deitez
Les hommes vertueux seront représentez,
Comme vous, ô BEAVCLERC, qui dedans les affaires
Auez toujours rendu vos conseils necessaires,
Et qui joignant le zele à la fidelité
Deuez seruir d'exemple à la posterité
Qui suiura vos vertus dedans mes vers tracées
Comme on voit dedans l'or des pierres enchaßées
Que tout le monde admire, & d'un œil curieux
Regarde comme un bien que nous donnent les Cieux.

L'HIMNE DE LA RENOMMEE.

A MONSIEVR RIBIER, Conseiller dv Roy en ses Conseils d'Estat & Priué.

ARGVMANT.

LA Ialousie va trouuer Cybele qui ayant apris d'elle les amours de Saturne son mari paroist comme insensée, & court auec furie sur le mont Ida, où ayant demeuré long-temps elle deuient grosse, & accouche d'une fille que l'on nomme la Renommée; elle auoit des ailes où l'on voyoit grand nombre d'yeux, de bouches, & d'oreilles, & bien qu'elle eust le visage assez beau sa mere ne laissa pas de s'affliger, croyant auoir produit un monstre; mais Apollon la console, & deuenant amoureux de la Renommée il fait un discours des perfections de cette nouuelle Déesse.

TRouuons ô *Calliope une source nouuelle*
Qui coule entre des fleurs d'une course éternelle,
Pour appaiser la soif dont je suis tourmanté
Par les saintes fureurs de ta Diuinité;
Solitaire, & pensif au riuage de Seine
Je cherchois des sujets pour exercer ma veine;

Le sacré nom du Roi *que la Muse en cent lieux*
A décri dans mes vers ainsi que l'un des Dieux
Ne pouuoit dauentage entretenir mes veilles;
Déja comme j'ai pu j'ai chanté ses merueilles,
Et j'attendois encor que ses actes guerriers
Le fissent paruenir à de nouueaux lauriers :
Tandis l'oisiueté déplaisoit à mon ame,
Et comme on voit le feu deuorer dans sa flame
Le bois que l'on y jette, & se détruire aussi
Quand la matiere manque, elle craignoit ainsi
De perdre sa vigueur à faute d'exercice ;
La beauté des vertus, & la laideur du vice
Se presentoient à moi pour instruire en mes vers
Tout ce que notre Europe a de peuples diuers ;
Le bel ordre des cieux *venoit en ma pensée*
Qui d'en former une himne étoit presque forcée ;
La terre d'autre part auec tous ses tresors
Me sembloit inuiter de faire mes efforts
Pour chanter les bienfaits que l'homme reçoit d'elle ;
Comme il s'offroit toujours quelque chose nouuelle
J'oüis la Renommée, *elle parloit de vous*
Il m'en souuient, RIBIER, *jamais rien de si dous*
Ne toucha mon oreille, & l'onde, & le riuage
Semblerent prendre part à son diuin langage ;
Toute l'herbe y fleurit ; l'air en deuint plus beau ;
On eust vu le poisson s'élancer dessus l'eau
Comme pour l'écouter, & lors cette Déesse
Me fit en s'approchant une douce caresse ;

Ne cherche plus, dit-elle, un sujet de chanter,
Décris ce que je suis, entreprends de conter
Quelles sont mes vertus, & d'un chant heroïque
Fais connoistre l'ouurage où mon pouuoir s'aplique;
Comme de toutes parts j'apprends à l'vniuers
Le nom du grand RIBIER *je ferai que tes vers*
Iront en tous endrois, & qu'on verra ta gloire
Deuenir immortelle au temple de Mémoire.
Elle me dit ainsi me proposant ce pris
Afin de m'engager d'employer mes écris
A louër sa grandeur auec plus d'allegresse;
Ie me laissai fléchir à sa douce promesse;
Qui pourroit refuser sans parestre hebeté
L'incomparable don de l'immortalité?
Ie commençai deslors à dresser l'équipage
Des choses qu'il falloit pour faire un tel ouurage;
Maintenant je suis prest, & ne puis differer
De vous offrir cette himne, & de faire admirer
Les rares qualitez de votre renommée
Par qui d'un nouueau feu mon ame est enflamée.

Déja le grand Saturne entre mille plaisirs
Auoit auec Phillire accompli ses desirs;
Le ventre de la Nimphe en donnoit témoignage;
Lors que la Ialousie ayant sur le visage
Les marques de la crainte, & d'un aspre malheur
Qui lui fait rechercher l'objet de sa douleur,
Enuieuse, dépite, & de soucis rongée
Faisant parestre à tous son humeur enragée,

Louche, maigre, affamée, & fuyant le repos
Alla trouuer Cybele, & lui tint ce propos.
Mere de tous les Dieus, épouse infortunée
De Saturne qui rit de la loi d'himenée,
Soüille ton chaste lit, & d'une priuauté
Qui n'appartient qu'à toi caresse en liberté
Ie ne sçai quelle Nimphe, & joüant auec elle
Se mocque indignemant de la grande Cybele:
Songe à quelle vangeance il te faut preparer,
Ce n'est pas un affront qui se doiue endurer,
Et tu n'as pas encor tant perdu de tes charmes
Qu'il te faille si tost abandonner les armes;
La jeunesse t'apelle aux ébas de l'amour,
Et ton fertile sein doit mettre encor au jour
Quelque Diuinité qui fasse voir au monde
Combien de plus en plus ta puissance est feconde.
 Ainsi la Ialousie à Cybele parla
Qui lui pretant l'oreille à mesure auala
Le dangereux poison de son infecte haleine;
Sa maligne vertu glisse de veine en veine,
Et va jusques au cœur qui se sent abatu
Sous le faix des assauts dont il est combatu;
Toujours la Ialousie agite sa pensée;
Elle n'est plus à soi; son ame est oppressée
D'un mal trop violant pour estre suporté
Sans donner à connoistre un courage irrité;
C'est comme un tourbillon renuersant toute chose
Qui par sa resistance à sa fureur s'oppose;

Les épics qu'elle auoit sur sa manche attachez
Pour seruir d'ornemant sont par force arrachez;
Elle quite son char, & jette sa couronne;
Ses lions par les champs sans guide elle abandonne
Plus furieuse qu'eux, & ne peut arrester
L'orage impetueux qui la veut surmonter:
Aussi-tost que la nuit à trauers de ses voiles
Eut fait au firmamant parestre les étoiles
Cette pauure affligée auecque des clameurs
Courut écheuelée cuanter ses douleurs
Dessus le mont Ida qui la retint cachée
Tant que cette fureur fust un peu relaschée,
Et que l'ayant réduite aux lois de la raison
Elle reprit ses sens auec la guerison:
On ne sçait quel remede appaisa son martire;
Amour tu la suiuis, toi seul tu nous puis dire
Quel fut son entretien durant ce long sejour,
Mais quoi que ce puisse estre on vid à son retour
L'enflure de ses flancs qui ne tarda plus guere
De lui donner encor le bon-heur d'estre mere
D'une fille adorable à qui tous les mortels
Déuoient à l'aduenir éleuer des autels;
Sa naissance bien-tost en tous lieux fut semée;
Le monde lui donna le nom de Renommée
D'une commune vois, & de zele porté
Fit le premier hommage à sa diuinité;
Cybele toutefois n'a pas beaucoup de joye,
Et ne peut endurer que personne la voye;

Elle croit que sa fille est un monstre nouueau
La voyant emplumée, & d'un ordre tres-beau,
Si l'on peut conceuoir de si rares merueilles,
Lui remarquant cent yeus, cent bouches, cent oreilles
Dessus l'une, & l'autre aile, & que d'un petit bruit
On l'oyoit murmurer tout le jour, & la nuit;
Son visage étoit masle, & d'un air agreable;
Mais le reste du corps paroissoit effroyable;
Sa taille étoit énorme, & d'horrible hauteur;
Cybele quel Geant en peut estre l'auteur?
Et de qui sur le mont pristes vous accointance?
Sans cesse vous pleurez plaine d'impatiance;
Vous auez du regret de ce qui s'est passé;
Déja le beau printemps étoit recommancé;
Votre corps auoit pris une grace nouuelle,
Et vous auiez le teint d'une jeune pucelle;
Car vous paressez jeune, & vieille tous les ans,
Alors que le Printemps redonne ses presans
La verdure, & les fleurs vous entrez en jeunesse;
Lors que l'hiuer aussi d'une extreme rudesse
Vient rauager les champs, depoüiller les rameaux
De leur plaisant feuillage, & retenir les eaux
Dessous un frein de glace, on voit votre visage
Ressentir tout de mesme un déplorable outrage;
Vous deuenez ridée, & vos cheueus blanchis
D'ornemans precieux ne sont plus enrichis;
Mais lors c'étoit le temps que vous estiez parée,
Et toutefois Cybele on vous voit éplorée;

Le

LES HIMNES.

Le plaisir d'estre belle à trop peu de pouuoir
Pour essuyer vos yeux qu'on ne peut jamais voir
Sans des ruisseaux de pleurs, & rien ne vous console
Que le jeune Apollon dont la douce parole
Sçeut loin de votre esprit la tristesse banir ;
Il commençoit encor d'anoncer l'aduenir ;
Il auoit depuis peu gagné beaucoup de gloire
Ayant dessus Python obtenu la victoire,
Et d'un nouueau feüillage il étoit couronné,
Seul bien qui lui restoit des amours de Daphné
Qu'il auoit poursuiuie, & qu'un Dieu fauorable
A la virginité, d'un prodige admirable
En laurier transforma le priuant du plaisir
Dont il auoit flaté son amoureux desir.
Si tost qu'auprès de vous il eut vû votre fille,
O tout l'honneur, dit-il, de la noble famille
Que Cybele a fait naistre, espoir des braues cœurs
Qu'un penible trauail aura rendu vainqueurs,
C'est de toi desormais que j'attends le salaire
Des belles actions que le Ciel m'a vû faire ;
Tu publiras ma gloire, & mes perfections ;
Ie deuiendrai celebre entre les nations,
Tu seras ma compagne, & jamais aucun terme
N'arrestera le cours d'une union si ferme :
O que je suis raui ! que je m'estime heureux
De voir tes raretez dont je suis amoureux !
Ces bouches, & ces yeux, & toutes ces oreilles
Qui te font regarder sont autant de merueilles,

Car tu dois tout ouïr, tout redire, & tout voir;
Ta vistesse qu'à peine on pourra conceuoir
Alors qu'elle emploira la force de tes ailes
Fera qu'au mesme temps on sçaura des nouuelles
D'un bout du monde à l'autre, & ce grand vniuers
Receura bien souuant tes messages diuers
Sans sauoir de tes bruits ni l'auteur ni la cause,
Car sans te faire voir tu diras toute chose;
Que Cybele à la fin termine ses douleurs;
Elle n'a pas raison de répandre des pleurs
Pour auoir mis au jour un sujet préferable
A tout ce que la terre a de plus admirable;
Tu seras precieuse à tous mes fauoris;
Les Muses en dançant dessus les bords fleuris
De leur sacré ruisseau tascheront de te plaire;
Mes Poëtes diuins ne pourront satisfaire
A leur propre desir si tu n'és auec eux
Pour animer leur veine, & les rendre fameux;
Sans doute la loüange inuite à mieux écrire,
Et la gloire a sur nous un souuerain empire;
Mesme les vaillans Rois outre l'autorité
Qu'une belle action donne à la royauté
Auront un grand plaisir de se rendre celebres,
Et de leur propre éclat dissiper les tenebres
Où sont enseuelis les lasches Potentas
Qui sans jamais régner viuent dans leurs étas;
Les victoires par toi seront plus redoutables;
Déesse tu rendras les septres venerables,

Et les peuples voisins en craindront la splendeur;
Si tu veux qu'un Monarque accroisse sa grandeur,
Et range sous ses lois les nations voisines,
Tu semeras des bruits de ses vertus diuines,
De l'extreme bon-heur qui le suit en tous lieux,
De combien d'ennemis il est victorieux,
Des forces de son camp, de sa magnificence,
Et de sa prontitude à donner recompence
Aux fideles sujets qui ne redoutent pas
D'aller pour son seruice aux perils du trépas;
Ou qui se font paraistre en quelque autre exercice;
Qu'en sa pure innocence il maintient la Iustice,
Qu'il protege les bons, détruit les vicieux,
Et se sert du conseil des plus judicieux :
Lors qu'il sera fameux dans les pays étranges,
Et qu'on prendra plaisir d'écouter ses loüanges
Incontinent le peuple ami de noueauté
A receuoir ses lois se trouuera porté,
Et la crainte ou l'amour forcera son courage
De suiure un si grand Prince, & de lui rendre homage.

 Ainsi dit Apollon, & vous Cybele ainsi
Vous perdistes en fin cèt importun souci
Qui trauailloit votre ame auec tant de rudesse;
Le parler de ce Dieu vous combla d'allegresse,
Et sa douce presence accrut votre beauté
Des secretes vertus de sa Diuinité;
On vid en peu de temps croistre la Renommée;
Lors selon son merite elle fut estimée;

Sa naissance depuis ne vous fit plus rougir;
Son pouuoir plain d'attraiz commença de régir
Les espris des humains, & sa force immortelle
Sçeut si bien s'établir que chacun reçoit d'elle
L'honneur, ou l'infamie, & le ton de sa vois
Fait croire ce qu'il veut des peuples, & des Rois;
Parfois, chose admirable, & raremant connuë,
Elle éleue sa teste au dessus de la nuë,
Et de chaque costé ses ailes étendant
Elle va de la sorte en tous lieux répendant
Les diuers accidans des affaires humaines;
Elle dit les beaux faits des vaillans Capitaines;
Les sieges des citez, les assauts, les combas,
Et si quelque traité met les armes à bas
Elle ne manque pas d'en publier la feste;
Lors qu'un peuple entreprend de faire une conqueste,
Et qu'il veut enuahir un pays étranger
La Déesse aussi-tost voyant un tel danger
Fait un horrible bruit pour aduertir les Princes
Qui sont confederez aux peuples des prouinces
Que l'on veut assaillir de courir au secours;
O belle Renommée on reçoit tous les jours
De bons aduis de vous qui nous faites entendre
Les trahisons de ceux qui nous veulent sarprendre;
Ce sont vos dous apas qui font que les espris
N'abandonnent jamais ce qu'ils ont entrepris;
Ils surmontent pour vous le trauail, & la peine
Qu'un genereux dessein à son auteur ameine;

Vous faites honorer les hommes vertueus;
Mais ceux qui surmontez du cours impetueux
Des folles passions méprisent la Iustice,
D'un suplice eternel vous punissez leur vice,
Et leur nom ne paruient à la posterité
Que pour estre exécrable, & toujours detesté.

 Nompareille Déesse, espoir des belles ames
Que le desir d'honneur échauffe de ses flames,
Inestimable pris des nobles actions,
Delice des grands Rois, bon-heur des nations,
Compagne d'Apollon diuine Renommée
Faites que de mes vers la terre soit charmée;
Que le nom de RIBIER les rende si fameux
Que rien dans l'vniuers ne paroisse plus qu'eux;
Parlez de ce grand homme; anoncez son merite;
Que plus fort qu'en acier sa vertu soit écrite;
Récitez quels apas le Ciel lui fait auoir,
Et si vos vois jamais eurent quelque pouuoir
Publiez que la mer se trouue moins profonde
Que sa rare science en merueilles feconde.

L'HIMNE DE LA SCIENCE.

A MONSIEVR LVSSON, CONSEILLER DV ROY EN SES Conseils d'Estat & Priué, & premier President en sa Cour des Monnoyes.

ARGVMANT.

LA Science est representée comme une grande Déesse, qui conduit les hommes en leurs actions, leur donne la connoissance de toutes les choses du monde, & les éleue à Dieu par le moyen de ses creatures: ses diuers voyages sont recitez, & comme après beaucoup d'auentures elle fut receuë en la Cour du grand Roi François premier.

S'il est vrai que mes vers auecque du plaisir
Diuertissent ton ame aux heures de loisir
Après les longs trauaux des affaires publiques;
Si le cher souuenir des merueilles antiques
Par qui tant d'écriuains se sont faits renommer
Permet à ta faueur de m'ozer estimer,
Et si selon ton gré les filles de Memoire
Auec quelque auëtage en leurs eaux m'ont fait boire;

Je veux en fin LUSSON envers toi m'aquiter
Si cela m'est possible, & si l'art de chanter
Qu'Apollon nous apprend a quelque recompance
Qui puisse aucunemant payer ta bien-veillance.
Mais que dois-je choisir de mille objets divers
Qui me veulent fournir de matiere en mes vers?
Comment te faut-il plaire? & de quel dous langage
Doi-je pour t'agréer composer cet ouvrage?
Si par quelque apparence on peut conjecturer
Ce qui plaist aux espris je me puis assurer,
Connoissant le savoir qui te rend venerable,
Que tu dois recevoir d'un accueil favorable
L'himne de la Science, ou du moins avouër
Le genereux dessein que j'ai de la louër.
Il est bien mal-aysé de plaire à tout le monde,
Et bien qu'un grand poëme en merveilles abonde
De diverses façons on y jette les yeux,
Les uns comme ignorans, d'autres comme envieux;
Les hommes nous font voir des sentimans étranges,
Si par fois dans les vers on donne des loüanges
Il ne faut point douter qu'ils se verront blamez
Des ennemis de ceux qu'ils auront estimez;
Je déplairai de mesme aux fauteurs d'ignorance
Qui comme des corbeaux font du bruit dās la France
D'un ton desagreable, & trouvent sans apas
Les sujets relevez qu'ils ne comprennent pas;
Mais de leurs vains discours je ne ferai que rire,
Et dans le mouuemant qui me porte à t'écrire

Bien ayse de déplaire à ces lasches espris
Ie laisse aller ma plume à l'ouurage entrepris.
   La Science est sans doute un sujet admirable,
Et le monde n'a rien qui lui soit preferable ;
C'est l'honneur des espris dont elle fait des Dieux;
Elle peut contenter les plus ambitieux;
C'est une Deité de peu de gens suiuie
Qui comme une lumiere éclaire notre vie,
Et nous fait discerner le mal d'auec le bien;
L'homme qu'elle conduit ne se deçoit en rien
Il triomphe de tout, & possede une gloire
De qui jamais l'oubli n'efface la memoire.
Le souuerain esprit qui crea l'vniuers
Rendant l'homme seigneur de tant de biens diuers
Lui donna la Science afin qu'il sçeust l'vsage
De tant de raretez qu'il auoit en partage :
Il connut toute chose, & le nombre des cieux
Dedans ses mouuemans ne trompa point ses yeux;
Il étoit clair-voyant aux secrets de nature,
Il sauoit la vertu qui produit la verdure,
Qui fait germer les grains, & qui dedans les eaux
Fait voir tãt de poissons, & dans l'air tant d'oyseaux:
De tous les animaux il eut la connoissance,
Et sçeut distinctemant leur estre, & leur essance;
Il apprit son sauoir à sa posterité;
Mais le monde à la fin fut plain d'impieté;
Dieu fit plouuoir des mers, & les eaux débordées
S'éleuant de hauteur jusqu'a quinze coudées

dessus

Dessus les plus hauts monts, noyerent les mortels
Qui de toutes façons paroissoient criminels;
Le vice, & son auteur ne firent qu'un naufrage;
Leur puissance manqua contre un si grand rauage;
La maison de Noé flotant sur un vaisseau
Toute seule échapa de la fureur de l'eau:
Après beaucoup de jours les ondes s'abaisserent,
Et les champs desolez aussi-tost se montrerent;
Les hommes qui restoient saisis d'étonnemant
De ce grand coup du Ciel vesquirent longuemant
Comme tous étourdis, & ne pouuoient rien faire
Que réparer le tort d'une telle misere;
La Science cessa de se communiquer,
Et sans les diuertir les laissa pratiquer
Les douceurs de l'Amour dont la vertu feconde
De citoyens nouueaux fit repeupler le monde;
Déja par nations çà de là diuisez
Ils viuoient où le Ciel les auoit disposez.
Aueuglez d'ignorance ainsi que d'un nuage,
Et de l'homme pour lors n'auoient que le visage;
Quand Dieu dont la bonté ne se lasse jamais
De se faire parestre en de nouueaux bien-faits,
Pour oster ce desordre enuoya la Science
Qui d'une jeune vierge emprunta la semblance,
Et près de Babilone établit son sejour;
Les esprits moins grossiers furent touchez d'amour
Pour ouir ses discours dont les douces merueilles
Ainsi que chaisnes d'or entraisnoient leurs oreilles;

O

La Déesse bien-tost les rendit plus polis;
Les secrets que le temps auoit enseuelis
Dans un profond oubli reuirent la lumiere;
La belle Astrologie y parut la premiere;
La douceur de l'étude augmentoit leur desir;
Plus ils étoient sauans plus ils prenoient plaisir
D'honorer la Science, & chercher les delices
Qui se peuuent gouster en ses dous exercices:
Alors dans la Caldée on vid de toutes parts
Des hommes assidus à tenir leurs regards
Dessus le cours des Cieux, & d'un zele incroyable
Remarquer à loisir leur cadance admirable;
Ils virent au Soleil un double mouuemant,
L'un d'eux est naturel, l'autre plus vehemant
Le force de tourner pour faire les journées,
Et le premier moins pront nous donne les années:
Le bruit de leur sauoir courut en mille lieux,
Les Hébreux aussi-tost deuindrent curieux
D'apprendre leurs secrets, & de se rendre habiles;
Le pays dont le Nil rend les plaines fertiles
En eut la connoissance, & la Science alors
Plus qu'elle n'auoit fait découurit ses tresors:
Les espris des mortels par le temps s'affermissent,
Et leurs inuentions de mesme se polissent;
On commença d'auoir plus de subtilité,
Et l'homme ne voulut rien laisser d'intenté
Pour deuenir sauant, & connoistre les causes
Qui font dans l'vniuers subsister toutes choses:

La Medecine alors commença de fleurir;
Le malade se vid par elle secourir:
On connut chaque simple, & l'on fit voir au monde
Que vraymant la Nature en miracles abonde.
Dés que la Renommée à la Grece eut apris
Que la pompeuse Egipte auoit de grands espris
Qui par les beaux secrets de leurs Mathematiques
Se faisoient réuerer dans les places publiques,
Les Grecs furent émus, & se sentant saisir
Auecque passion d'un genereux desir
De se rendre sauans eurent bien le courage
De quiter leurs maisons, & faire un grand voyage
Iusque dans ce pays, où curieux de voir
La sainte deité qui donne le sauoir
Ils chercherent si bien que comblez d'allegresse
Ils trouuerent en fin cette auguste Déesse
Qui les vid de bon œil, & ne put refuser
A leurs vœux innocens de les fauoriser,
Et d'aller en la Grece où voilant son visage,
Afin que le commun l'honnoraft dauentage,
Elle fit ses presens, & l'on vid sa grandeur
Dedans ce beau pays pareftre en sa splendeur.
Les Romains triomphans pour comble de leur gloire
Appelerent chez eux les filles de Mémoire
Qui laisserent Parnasse, & suiuant leur destin
Allerent pour Auguste au riuage latin;
La Science sortit des bornes de la Grece,
Et dedans l'Italie apporta sa richesse.

Mais las! dedans le monde il n'est rien d'asseuré;
Cet Empire fameux dont l'heur démesuré
Auoit dessous ses lois assujetti la terre,
Comme à chaque païs il auoit fait la guerre
Fut de mesme broüillé de cent rebellions,
Et vid à plusieurs fois toutes les nations
Lui rendre la pareille, & comme d'une foudre
Renuerser ses Palais, & mettre tout en poudre:
Les esprits étonnez de la fureur de Mars
N'eurent plus le moyen de cultiuer les arts,
Et la Science alors n'étant plus réuerée
A faute de sujets quita cette contrée,
S'en alla dans l'Afrique où l'Arabe à son tour
Si tost qu'il l'apperceut sentit des traits d'amour;
Son cœur fut échauffé d'une diuine flame;
Des mouuemans secrets éleuerent son ame;
Il receut la Science, & s'acquerant du bruit
Ses trauaux glorieux ne furent pas sans fruit.
Depuis cette Déesse ayant là des trauerses
Après auoir couru cent fortunes diuerses
Se trouua dans la France, où le plus grand des Rois
Lui fit bâtir un temple, & lors de tous endrois
Les peuples curieux d'écouter son langage
Auecque des presens lui vindrent faire hommage:
Ce zele toutefois ne dura pas toûjours
La guerre qui suruint interrompit son cours;
La Science à la fin fit place à sa furie,
Et l'infame Ignorance auec la barbarie

Régna dans les espris qui priuez de clairtez
Ainsi que d'vn sommeil se virent enchantez:
Mais si tost qu'en son ordre on vid dedans la France
Le grand François premier receuoir la puissance
Qui donne l'estre aux Rois, & met dedãs leurs mains
La fortune, la vie, & l'honneur des humains,
On rompit en cent lieux le voile d'Ignorance;
Ce Prince genereux appella la Science
Qui bien ayse d'auoir un si puissant appui
Entendit sa parole, & s'approcha de lui.

 Exemple de vaillance, ô grand Roi, ce dit-elle,
A qui je puis promettre une gloire immortelle,
Puis que je suis au gré de votre majesté
Ie veux vous décourir qu'elle est l'utilité
Que j'apporte aux humains, & de quelles merueilles
I'emplis l'esprit de ceux qui me donnent leurs veilles;
Ie mets dedans les cœurs l'amour de l'équité;
I'apprends à faire hommage à la Diuinité;
Ie fais régner les Rois auecque plus de pompe;
Quand je m'approche d'eux personne ne les trompe;
I'établis la police, & l'on apprend de moi
Comme il faut que le peuple obeisse à son Roi;
Dessus le vrai bon-heur ma puissance preside;
L'esprit ne peut errer alors qu'il m'a pour guide;
Ie le meine toujours dedans la verité;
Mes diuines leçons réglent sa volonté;
Ie gouuerne ses mœurs, & je fais voir au monde
Comme la Vertu seule en delices abonde:

Ie montre la nature en ses diuersitez ;
I'éclaire les mortels dans ses obscuritez ;
Ils connoissent par moi l'estre de toutes choses
Qui sont des mains de Dieu dans l'vniuers encloses ;
Ils sauent distinguer les diuers Elemans
De qui toute la terre a pris ses ornemans ;
Ils connoissent l'auteur des clairtez, & des ombres ;
Ie fais à l'infini multiplier les nombres ;
I'ai de quoi satisfaire aux esprits curieux ;
Ils comprennent par moi le bel ordre des Cieux ;
Ie découure à leurs yeux ce qui fait les nuages ;
Quelle force dans l'air anime les orages ;
D'où viennent tant de vents, & comment se produit
La foudre épouuantable auec un si grand bruit ;
Ie leur conte en quel temps se leue chaque étoile ;
Ce que c'est que la Lune, & quel est le grand voile
Qui la cache à nos yeux, & rauit sa clairté,
Et qui lui rend après sa premiere beauté.
Celui qu'un mal extreme a rendu miserable
Aux premiers vœux qu'il fait me trouue secourable ;
Ie donne les moyens qui le peuuent guerir,
Et j'en sauue plusieurs qui s'en alloient mourir ;
I'enseigne un bon régime, & je fais que la vie
D'aucune infirmité ne se trouue suiuie ;
Ie montre en quels climats l'air est bien temperé ;
Ie designe les lieux ou l'homme est asseuré
De voir couler ses jours sans receuoir d'injure
Ni d'excez de chaleur, ni d'excez de froidure ;

La Nature n'a rien dans ses riches tresors
Que je ne rende utile à la santé du corps;
Auec tant de douceur j'ordonne la Musique
Que je gueris l'esprit du plus mélancolique;
Ie chasse les ennuis, & mes charmans accords
Dessus les passions font de si dous efforts
Que toute leur fureur incontinent s'appaise,
Et l'homme dans son cœur ressent un certain aise
Qui le rend à lui-mesme, & pour le maintenir
Met tous les deplaisirs hors de son souuenir.
Celui qui vit toujours dedans la solitude,
Et ne quitte jamais l'enclos de son étude
Ne laisse pas de voir tout ce grand vniuers;
Les lieux les plus cachez lui seront découuers;
Il connoistra les ports où l'aueugle Fortune
Ameine les tresors que lui donne Neptune;
Les montagnes, les bourgs, les plaines, les citez,
Les fleuues, les chasteaux lui sont representez;
Dessus la carte il voit le globe de la terre
Auecque l'Ocean qui de ses bras l'enserre,
Et son œil curieux a sans peine trouué
Combien sur chaque lieu le pôle est éleué.
Vous de qui la puissance à nulle autre seconde
Merite de régner sur la terre, & sur l'onde,
Monarque sans pareil c'est là que vous verrez
La suitte des pays que vous attaquerez;
Vous connoistrez les lieux deuant que votre teste
Se prodigue aux perils d'une belle conqueste

Et le bruit glorieux de vos fameux combas
De tous les autres Rois mettra l'orgueil à bas.
　Ainsi dit la Science, & ce Roi magnanime
Faisant de son merite une incroyable estime
Curieux de sauoir lui fit de beaux presans,
Et la rendit aimable à tous les courtisans
Qui recherchent toujours de se faire parestre
Auoir quelque raport aux humeurs de leur Maistre;
Depuis cette Déesse a vu de jour en jour
Le monde se presser à lui faire la cour;
Quelques foibles espris qui ne pouuoient se rendre
Capables de la suiure ont voulu l'entreprendre,
Et se sont efforcez de faire abandonner
Ses misteres diuins, & de la ruiner:
Mais ce vulgaire infame a vu perdre sa peine:
Il arriue par fois qu'une belle fonteine
Qui rioit aux passans sent émouuoir son eau
Par les pieds vagabonds d'un profane troupeau
Qui la laisse en sortant mal plaisante à la veuë;
Mais la douce beauté dont elle étoit pourueuë
Reuient incontinent, & son flot argenté
Se fait parestre aux yeux tel qu'il auoit esté:
De mesme la Science ainsi que d'un nuage
Voit ce semble obscurcir l'éclat de son visage
Lors que les ignorans par trop audacieux
Veulent anéantir le plus beau don des Cieux:
La priuant de loüange, & blasphemant contre elle
Nous rauir à jamais une chose si belle;

　　　　　　　　　　　　　Mais

Mais toujours à la fin la verité paroist,
On ressent ses apas, sa bonté se connoist,
Et comme un clair soleil qui trauerse les nuës
Après quelques assauts ses beautez sont connuës :
La Science est aimable, & le ciel a permis
Qu'elle eust de temps en tẽps un grand nõbre d'amis
Pour maintenir sa gloire, & d'un docte langage
Empescher l'ignorant de lui faire un outrage.

 O cher present des Cieux, espoir des affligez
Qui se trouuent par toi de leurs maux soulagez ;
Déesse qui maintiens la liberté des hommes,
Et nous fais reconnoistre au vrai ce que nous sommes,
Nompareille vertu dont le diuin suport
Nous rend victorieux des rigueurs de la mort,
Et d'une belle audace éleue le courage ;
Desirable Science à qui je fais hommage
Qu'un destin bien-heureux te puisse accompagner,
Et qu'au lieu des secrets que tu viens enseigner
Pour le bien des étas qui te sont fauorables,
Les Princes qui sans toi ne sont point venerables
Te deffendent toujours de l'aspre pauureté
Pour se rendre fameux à la posterité :
Que tes chers nourrissons obtiennent la victoire
Dessus les ignorans qui d'une fausse gloire
Repaissent leur pensée, & plains de vanité
Preferent sans raison l'ombre à la verité ;
Que le sauant LVSSON dont la plus belle enuie
Est d'employer pour toi le meilleur de sa vie

P

Trouue à tous ses desseins des succez bien-heureux,
Et moi que dans les vers dont je suis amoureux
J'obtienne des faueurs qui comme des amorces
En de nouueaux sujets renouuellent mes forces.

Fin des Hymnes.

PREMIER LIVRE
DES ELEGIES
DE N. FRENICLE.

ELEGIE I.

Allez chastes amours, découurez ma jeunesse,
Et d'un cours éternel publiez la rudesse
D'une fille insensible où l'on voit éclater
Tout ce que la beauté nous peut representer;
Mais à qui dois-ie offrir cet amoureux ouurage?
Et qui dessus les flots régira son voyage
Pour éuiter l'écueil où tant de grands esprits
Ont vu perir l'honneur de leurs diuins écris?
Amans bien fortunez qui parmi les delices
Voyant récompenser vos fidelles seruices,
Faites de vos plaisirs murmurer l'vniuers,
Ie ne puis justemant vous adresser mes vers;
Le sujet que ie traite au vôtre est bien contraire;
Vous ne regardez rien qui vous puisse déplaire;
Les Graces, & l'Amour enuironnent vos lits;
L'vn joüit de Caliste, & l'autre de Philis.

P ij

Et parmi les douceurs que le Ciel vous octroyé
Il ne faut seulemant vous parler que de joye;
Moi je ne trouue rien que matieres de pleurs;
J'éprouue tous les jours de nouuelles douleurs;
Florice m'a sousmis à son cruel Empire;
Afin de la fléchir il faut que je soupire,
Et que je la conjure au nom de sa beauté
De m'accorder bien-tost cette felicité
Qui fait que tout le monde auecque tant d'enuie
S'entretient si souuent de votre douce vie.

 Vous donc qui comme moi viuez dans le tourmant,
Et n'auez de l'Amour qu'un mauuais traittemant,
Receuez ces discours, & connoissez la peine
Que me fait endurer une belle inhumaine
Qui sourde à mes soupirs se mocque de ma foi,
Et de l'autorité qu'elle exerce sur moi:
Toutefois je ferai ce qui sera possible
Pour complaire à Madame, & la rendre sensible
Aux flames dont l'Amour échauffe les espris,
Et quoi qu'elle me traite auecque du mépris,
Ie ne laisserai pas de chanter ses loüanges;
Ie dirai que son ame est comparable aux Anges;
Ie trouuerai ses yeux plus beaux que le Soleil;
Les Roses, & les Lis n'auront rien de pareil
Aux charmes que son teint découure à notre veuë;
De toutes les beautez elle sera pourueuë;
Ses cheueux, & la soye auront égalemant
Et la mesme douceur, & le mesme ornemant;

J'estimerai sa vois à nulle autre seconde;
Ie rendrai de son sein esclaue tout le monde,
Ie trouuerai bien fait tout ce qu'elle fera;
Ie n'approuuerai rien que ce qu'elle dira,
Et quoi que sa rigueur contre moi puisse faire
Ie ne perdrai jamais le desir de lui plaire;
Peut estre qu'à la fin mon ardante amitié
Mettra dedans son cœur quelque peu de pitié;
Que si j'ai l'heur de voir qu'il brule de ma flame,
Et si par mes écris je puis fléchir son ame,
Ie pourrai me vanter en lui donnant la Loi
De trainer comme Orphée un rocher apres moi.

ELEGIE II.

PRenez garde Florice à régler votre vie,
 Et cependant que l'âge à l'amour vous conuie,
Ne perdez point le temps à viure sans Amant,
Mais que quelqu'un pour vous soupire incessamment,
Et que toutes les nuits dessous votre fenestre
Mesme durant l'hiuer on puisse voir parestre
De pauures langoureux qui contant leurs amours
Par la douceur des luts implorent du secours.
Lors que vous serez vieille, & que votre visage
De cent rides coupé ressentira l'outrage
Dont le temps à la fin toutes choses détruit,
Vous vous retirerez loin du monde, & du bruit,
Il sera bien seant de songer au ménage,
Vos façons n'auront rien que de graue, & de sage;

Vous serez retenuë au plus libre discours,
Et dedans le repos vous passerez vos jours:
Mais étant jeune encore il faut belle Florice
Que l'Amour maintenant soit tout votre exercice
Que vous passiez au Bal & les jours, & les nuits,
Et que pour éuiter l'atteinte des ennuis
Vous vous diuertissiez en cent façons diuerses,
Par fois prenez plaisir de donner des trauerses
A ces jeunes mignons qui croyent sottemant
Parce qu'ils sont frisez, & vestus propremant
Que vous approuuerez leur recherche importune;
Faites que l'un enuie à l'autre sa fortune,
Et sans qu'aucun d'entr'eux soit bien traité de vous
Qu'ils ne laissent pourtant de deuenir jalous.
D'autres fois plaisez vous à m'estre fauorable,
Montrez que vous auez mon seruice agreable;
Vous n'aurez point sujet de vous en repentir;
Il n'est rien qui jamais me puisse diuertir
De la fidelité que je vous ay jurée;
De ma discretion vous estes assurée,
Ie sçai taire un secret, je sçai dissimuler,
Ie sçaurai bien pour vous secretemant bruler,
Et feindre que quelque autre a sur moi de l'empire;
Le bien de vous seruir est la gloire ou j'aspire;
C'est en vous que je mets tout mon contentemant,
Ne me faites donc point un mauuais traitemant;
Toujours la cruauté fut mal-seante aux belles;
Venus dont la beauté vainquit les immortelles

Ne fit jamais paroistre un dédain rigoureux
A ceux que ses appas rendirent amoureux ;
Sa douceur les charmoit autant que son visage ;
Quiconque la voyoit l'en aimoit dauantage,
Et nul de ses Amans soit homme ou Demi-dieu
Ne fut jamais puni d'aimer en si haut lieu.
Ce n'est pas toutefois que vous soyez tenuë
D'aimer tant de muguets dont vous estes connuë,
Mais feignez de vous plaire à les entretenir,
Vn regard de trauers ne doit jamais bannir
Ceux que votre visage auprès de vous attire ;
Ecoutez doucemant le moindre qui soûpire,
Et lors qu'il vous plaira de vous en separer
Dites lui quelque mot qui le fasse esperer.

Tandis qu'ils souffriront pour vous mille supplices
Vous recompenserez s'il vous plaist mes seruices ;
Passons notre jeunesse aux plus doux passetemps ;
Qu'on ne puisse jamais nous trouuer que contans ;
Que pour moi seulemant votre amour soit extreme,
Vous me deuez aimer autant que je vous aime,
Et si vous desirez me tant fauoriser
Ie vais cesser d'écrire afin de vous baiser.

ELEGIE III.

Lors que sans y penser on me donna la veuë
De ces diuins appas dont Florice est pourueuë,
Et que pour m'asseruir cette rare beauté
Fit ses premiers efforts dessus ma liberté,

Le bien-heureux Esprit qui fut dès ma naissance
Destiné par le Ciel pour prendre ma deffence,
Preuoyant les malheurs que je deuois auoir
Deslors que sur mon cœur la belle auroit pouuoir,
Voulut me détourner d'entrer en son seruice,
Mais me laissant charmer aux beaux yeux de Florice
Ie rejettai l'âuis qu'il m'auoit inspiré,
Et creus, tant mon esprit se trouuoit égaré,
Que pour jouir tout seul d'une chose si belle
Il vouloit à dessein m'éloigner d'aupres d'elle.
Et vraymant j'eusse en vain tasché d'y resister,
Florice a des appas qu'on ne peut éuiter,
Et quiconque entreprend de voir son beau visage
Il ne peut s'empescher de se mettre en seruage,
Comment l'eusse-je fait ? il n'en faut point mentir
Ce m'étoit lors un bien que de m'assujettir.
Ie n'apperceuois rien qui ne fut agreable,
La blancheur de son sein n'auoit point de semblable
Son maintien me plaisoit, son parler m'étoit dous,
Chantres plus renommez n'entrez point en courous,
Si pour la verité j'assure à votre honte
Qu'en l'art de bien chanter la belle vous surmonte.
Que dirai-je de plus ? si tost que ie la vi
En de si beaux objets je demeurai raui ;
J'eusse aussi merité le tiltre de barbare
De ne pas adorer une chose si rare,
Et le Dieu des Amans m'eust priué justemant
Tant que j'eusse vescu de ce contentemant

Qui rauit tous nos sens, & nous transporte l'ame
Alors qu'un doux himen amortit notre flame.
Florice reconnut qu'elle m'auoit charmé
Me voyant tantost pasle, & tantost enflamé,
Et pour mieux m'engager se mit sur mes loüanges
Egalant ma bassesse au merite des Anges,
Et par mille sous-ris me voulut assurer
Qu'en mon affection je deuois esperer;
Amour qui m'empêchoit de voir cet artifice
Me fit bien-tost résoudre à viure en son seruice;
Ie n'adorai plus rien que ses yeux seulemant;
Ses trompeuses faueurs me prirent tellemant
Que toujours son image étoit en ma pensée;
Toute autre amour se vid de mon ame effacée;
Pour elle je quittai Parthenice, & Philis;
Alors je méprisai leurs visages paslis
Bien qu'ils ne fussent tels qu'à cause de la flame
Que chacune pour moi cachoit dedans son ame:
En apparence aussi je fus recompansé,
Auec plus de faueurs je me vi caressé;
Il sembloit qu'à mes vœux le bon-heur fit hommage;
Que sçauroy-je conter plus à mon auantage?
Tout le monde croyoit tant j'étois bien traité
Qu'il n'étoit rien d'égal à ma felicité:
Ie receuois toujours quelque nouuelle joye,
Et mes sens chatoüillez d'une si belle proye
Me faisoient entreprendre afin de l'obtenir
Tout ce qui se pouuoit pour y mieux paruenir.

Et vous qu'indignemant pour elle j'ai changées
Admirables beautez vous estes bien vangées;
Mon mal est paruenu jusqu'à l'extremité;
Il peut estre plus long mais non pas augmenté;
Perdez votre colere, oubliez cette injure,
Contentez vous des maux que maintenant j'endure;
Florice seulemant pouuoit rompre les fers
Que dedans vos prisons j'ai quelque temps soufferts.

ELEGIE IV.

Florice c'est en vain que je veux me contraindre;
Ie suis trop affligé pour viure sans me plaindre;
Tandis que la raison m'a permis d'esperer
Qu'à la fin mon malheur je pouroit moderer,
Et qu'après vos mépris un sort plus fauorable
Adouciroit pour moi votre ame inexorable,
I'ai fait ce que j'ai pu pour cacher ma douleur;
I'ai toujours à mes pleurs donné quelque couleur,
Tant je craignois de voir que mon fâcheux martire
Ne fut comme un defaut à votre aimable empire,
Et que pour amoindrir vos rares qualitez
On ne vous reprochast toutes vos cruautez.
Mais voyant approcher la funeste journée
Que vous deuez jurer en la main d'Himenée
D'aimer fidelemant Tircis autant que vous,
Ie serois sans amour si j'étois sans courrous;
Il faut que mal gré moi je vous nomme infidelle,
Ingrate, dedaigneuse, insensible, & cruelle,

Et dise contre vous tout ce qu'un affligé
Peut dire d'un tyran qui l'auroit outragé:
Florice croyez moi si je n'auois en l'ame
Que les ressentimans d'une commune flame,
Il m'importeroit peu de vous voir accorder
A Tircis ou Damon l'heur de vous posseder,
Au lieu de me fascher je ne ferois que rire
De vous voir tant choisir, & prendre en fin le pire,
Mais ayant tant d'amour il ne faut s'étonner
Si j'ai tant de regret de vous abandonner.
Commant pourai-je voir qu'un autre vous caresse,
Vous appelle son cœur, son ame, sa maitresse,
Et poussé de l'orgueil d'un trop hardi dessein
Profane en ses baisers les lys de votre sein ?
Ie ne puis m'exenter des traits de jalousie,
Et déja la fureur dont mon ame est saisie
Me fait imaginer que desormais la mort
Me pourra seulemant donner du réconfort;
Toute chose m'offence, & rien ne me console;
Tircis m'afflige plus d'une seule parole
Que mes plus grāds amis par leurs plus beaux discours
Ne peuuent maintenant me donner de secours:
Deja l'excez du mal au desespoir me meine,
I'enrage qu'un rival vous puisse auoir sans peine,
Et qu'étant préuenu d'un sort par trop heureux
Il soit fauorisé deuant qu'estre amoureux.
La douleur que ie sens deuient toujours plus forte,
Le dépit me saisit, la rage me transporte,

Chacun peut remarquer du trouble en mes propos;
Comment auroi-je aussi l'esprit plus en repos!
Cette nuit qui pour vous doit auoir tant de charmes,
Et pour moi tant d'horreur, tant d'ennuis, & de larmes
Arriuera si tost que ce m'est un tourmant
Pire que le trépas d'y songer seulemant.

 Comme un homme surpris dans un mauuais passage
Voyant qu'on se prépare à lui faire un outrage,
Et que des assasins en ce pressant danger
Lui presentent le fer qui le doit égorger,
Tremble, & pâlit de peur, leur grand nombre l'étonne,
Son jugemant se perd, sa raison l'abandonne,
Et la crainte qu'il a le tourmante plus fort
Que ne fait pas le coup qui lui donne la mort.
Ainsi lors que je pense au tort qu'on me va faire,
Et combien la fortune à mes vœux est contraire,
Quand j'apperçoi chez vous tant de gens s'empécher
A preparer le lit où vous deuez coucher,
Et que j'apprends le jour que de fleurs couronnée
Il faudra vous sousmettre à la Loi d'Hymenée,
Ie suis tout hors de moi, la force me defaut,
Et ce proche malheur me donne un tel assaut
Que succombant au coup je tiens comme impossible
Qu'il me puisse arriuer rien qui soit plus sensible.
Florice vous sçauez depuis combien de nuits
Le sommeil n'a donné de treue à mes ennuis,
Et toutefois au lieu de soulager ma peine
Vous trouuez du plaisir à paroistre inhumaine:

DES ELEGIES. 147

Auſſi ſans perdre en vain mon temps,& mes diſcours
Ie deurois terminer ces funeſtes amours,
La plainte,& les regrets que je mets en vſage
Montrent moins ma douleur que mon peu de courage:
Quoi ſerai-je inſenſible à tant d'indignitez ?
Souffrirai-je toujours vos infidelitez ?
Quiconque me voit ferme au tourmant que j'endure
Me blâme de ſeruir une Dame ſi dure;
O que ſi mon humeur aimoit le changemant
Qu'il me ſeroit ayſé d'auoir allegemant!
Quelque plus doux objet garantiroit ma vie
Du trouble ou maintenant on la voit aſſeruie,
Ceux qui ſont joints a moi d'une étroitte amitié,
Reſſentant dans le cœur ce que peut la pitié
M'aſſurent qu'Angelique en ſecret me deſire,
Et croit par ma conqueſte honorer ſon empire.
Ie ſçai que ſans flatter l'on compare ſes yeux
Aux aſtres les plus beaux qui luiſent dans les Cieux,
Et que ſon ſein paroiſt plus blanc que n'eſt l'albaſtre,
Ie ſçai que de ſon teint le monde eſt idolaſtre,
On ne voit rien de tel dans les plus belles fleurs,
Et les Peintres n'ont point d'aſſez viues couleurs
Pour bien repreſenter de ſi douces merueilles;
Sa voix rauit les cœurs,& charme les oreilles;
Si nous auions des dieux comme l'antiquité
Qui puſſent reſſentir l'effort d'une beauté,
Ils ſe verroient contraints de ſeruir Angelique,
Et quoi que l'on ait dit du ſéjour magnifique

Qu'autrefois on bastit d'un dessein nompareil
Aux riues du leuant pour loger le Soleil,
Ce Dieu brulé d'amour en la voyant si belle
Auroit tout à mépris pour courir après elle.
Mais quoi qu'elle paroisse auecque tant d'apas
Florice neantmoins ne vous figurez pas
Que je consente encor à me mettre en seruage;
C'est à vous seulemant que je veux rendre hommage,
Et si je vous pouuois effacer de mon cœur
Iamais un autre Amour ne s'y verroit vainqueur.
Bien que vous me portiez une haine mortelle,
Et que plus j'ai d'amour plus vous soyez cruelle,
Ie ne laisserai pas adorable beauté
De viure constammant en ma fidelité;
Ouy, je vous veux aimer malgré mon infortune,
Mais n'apprehendez pas que je vous importune,
Et que cherchant l'honneur de me voir près de vous
Ie trauerse Tircis, & le rende jalous;
Ie ne suis pas de ceux qui troublent les familles,
Et qui pour débaucher ou la femme ou les filles
Se sçauent faire aimer du Pere ou du mari;
Que Tircis seulemant soit votre fauori,
Ie ne veux rien pretendre au bon-heur qu'il possede,
Et bien que mon amour toute grandeur excede
Ie me contenterai de pouuoir obtenir
Pour un si long seruice un petit souuenir.

 Cependant qu'aux plaisirs ou l'âge vous conuie,
Vous laisserez couler doucemant votre vie,

Je passerai la mienne auec austerité
Dedans quelque rocher des villes écarté;
Quand le jour sera beau vous irez mettre en veuë
Les plus puissans attrais dont vous estes pourueuë;
Soit que Seine ait l'honneur de vous voir sur ses bords,
Soit que Vincenne alors vous reçoiue en ses forts,
Ou que dans un jardin vous recherchiez l'ombrage,
Vous brulerez d'amour le cœur le plus sauuage:
Et moi sortant aussi du creux de mon rocher
J'irai dans ce desert soigneusemant chercher
L'agreable ruisseau d'une claire fontaine,
Et si je lui raconte au long toute ma peine,
Peut estre penserai-je en l'oyant murmurer
Qu'il ait de la pitié de me voir endurer.
 Si tost que le Soleil finira sa carriere,
Et que nous n'aurons plus que bien peu de lumiere
Qui se fera paroistre encor sur l'orison,
Chacun retournera coucher en sa maison
Vous auprès de Tircis, & moi sur une pierre,
Où l'Amour ne cessant de nous faire la guerre
Nous veillerons tous deux, mais bien diuersemant
Vous parmi les plaisirs, & moi dans le tourmant.

ELEGIE V.

Non, non, c'est une erreur, jamais votre belle ame
Ne se trouua sensible aux ardeurs de ma flame;
Ma Nimphe c'est en vain que vous jurez d'aimer;
Je ne croi pas qu'Amour puisse vous enflamer;

R

Vous auez des froideurs à nulle autre pareilles;
Bien souuent un soupir offence vos oreilles;
Les regards des passans vous font mourir d'effroi;
Vos yeux ne s'oseroient arrester dessus moi,
Et votre ame jamais ne se trouue saisie
De quelque passion sinon par fantaisie :
Ces petis mouuemans qui ne durent qu'un jour
Ne doiuent s'exprimer par le nom de l'Amour;
Quiconque de ce Dieu ressent vraimant l'atteinte
A dans l'ame une ardeur qui l'exente de crainte;
La passion lui met un voile sur les yeux;
Au milieu des perils il est audacieux,
Et n'a point d'autre soin en son ame enflamée
Que de se voir auprès de la personne aimée;
Il n'en faut point douter si vous aimiez un peu
Votre ame en desirs seroit toute de feu,
Et l'œil de votre mere ouuert sur notre vie
N'empescheroit les jeux où l'âge nous conuie;
Vne fille amoureuse a mille inuentions
Pour se rendre contente en ses affections;
Quand sa bouche se tait ses doigts parlent pour elle,
Et d'une signe secret son Amant elle apelle;
Dès que sa mere dort elle marche sans bruit;
Dedans l'obscurité son Amour la conduit,
Et l'esprit agité de crainte, & d'esperance
Elle ouure à son ami qui meurt d'impatiance :
Mais tous ces passe-temps sont des crimes pour vous,
Et vous n'oseriez prendre un entretien si doux;

C'est un defaut d'amour qui vous rend si timide;
Que vos yeux sont menteurs! votre bouche perfide
Qui ne m'ayant promis que des felicitez
Me laissent sous le faix de mille cruautez!
Encore si ma flame auoit quelque injustice,
Et si je vous aimois auec de la malice,
Ie vous excuserois de m'exposer ainsi
Aux violans assauts d'un extréme souci;
Mais vous connoissez bien quelle est mon innocence;
Votre pudicité n'a point receu d'offence;
I'ai des desseins pour vous qu'on ne peut trop louër,
Et quoi que vous disiez je ne puis auouër
Que vous me cherissez si vous craignez encore
De donner allegeance au feu qui me deuore;
Vous pouuez aisémant mes tristesses banir;
Ie ne veux que l'honneur de vous entretenir;
Ie serai soulagé de mon cruel martire
Si j'obtiens seulemant le pouuoir de le dire;
Trouuez ma belle Nimphe un moyen de nous voir,
Et lors brulé d'amour je vous ferai sauoir
Le fonds de ma pensée, & par quelles atteintes
Vos diuines beautez sont dans mon cœur empraintes.

ANGELIQUE.
ELEGIE VI.

IE ne suis plus à moi, la fureur me transporte,
Personne n'eut jamais de passion si forte,

Et de tous ceux qu'Amour a soumis à sa loi
Aucun pour bien aimer n'est comparable à moi:
Aussi rien n'est égal aux beautez de mon Ange,
Et je ne puis trouuer d'assez digne loüange
Pour parler comme il faut de ses perfections;
Les plus rares vertus réglent ses actions,
Son esprit excellant paroist une merueille,
La vigueur de son corps n'eut jamais de pareille,
Il est adroit, & fort, son cœur est genereux,
Ses desseins n'ont jamais qu'un succez bien-heureux,
Aussi de tant de dons le ciel la favorise
Que vraymant la Fortune en peut bien estre éprise:
Il n'est rien de plus beau, ni rien de mieux formé,
Ie ne voi point d'objet si digne d'estre aimé,
Et je croi que l'Amour ne bruleroit mon ame
Si les yeux de Pâris ne fournissoient de flame:
Alors que je le voi je sens ouurir mon cœur,
Ie n'ai rien dedans moi dont il ne soit vainqueur,
Il est maistre absolu de toutes mes pensées,
Et les vaines frayeurs qui s'étoient efforcées
De me dissuader d'obliger mon Amant
Laissant mon ame en paix s'en vont entieremant:
Les plus chastes pour lui se laisseroient surprendre,
Ie trouue quand à moi du bon-heur à se rendre
Aux aimables assauts que donnent ses beaux yeux,
I'ay toujours desiré qu'il fut victorieux,
Et depuis l'heureux jour qu'on me donna sa veuë
I'ay mis toute ma gloire à me dire vaincuë.

Desirable Paris qui te tient loin d'ici
Où sans toi je ne vi qu'auecques du souci?
Que n'ai-je le bon-heur de voir ton beau visage?
Trouues tu quelque objet que t'aime dauantage?
Si quelqu'une, Pâris, me surpasse en beauté,
Ne fai pas cette injure à ma fidelité
Que de t'imaginer que l'on trouue de mesme
Quelque chose au dessus de mon amour extrême:
Peut estre és-tu fâché de ne pas receuoir
La derniere faueur qu'un Amant peut auoir,
Mais j'atefte mes Dieux, Amour, & Citherée
Que si plus ardemmant tu l'eusses desirée
Ie ne serois plus fille, & ta perfection
Eust obtenu cela de mon affection.
Helas combien de fois de tes beautez rauie
Ai-je pensé finir sur ta bouche ma vie?
Ie t'étois importune à force de baiser,
Mais mon feu pour cela ne pouuoit s'appaiser;
I'auois l'œil languissant, ma couleur étoit haute,
Et si sans offencer on peut dire sa faute,
Iugeant mal à propos de ta discretion
I'ai creu que ton amour n'étoit que fiction;
Mes regards, mes soupirs qui découuroient ma flame
Te sembloient reprocher la froideur de ton ame:
Souuent je t'ai voulu declarer mon tourmant,
Mais la honte toujours seruoit d'empéchemant,
Et les secrets desirs dont j'étois agitée
M'ont plus de mille fois contre toi depitée;

On a vû succeder la colere à l'amour,
Et dans ses mouuemans j'ai detesté le jour
Qu'un Amant si timide eut sur moi la victoire,
Et que de ma défaite il éleua sa gloire:
Mais ces petis courous qui ne font qu'augmenter
L'amour dedans un cœur ne doiuent t'irriter;
En pensant te fâcher je me fâchois moi-mesme,
Et vraimant ce m'étoit une contrainte extréme
Que de dire à Pâris que je ne l'aimois plus,
Mais las! tous ces discours ne sont que superflus,
Si je ne t'aimois point je ne serois en peine
De chercher à ma vie une fin inhumaine
Contrainte par la rage à me desesperer;
Le beau Pâris tout seul me peut faire endurer,
De tout autre que toi je serois la maitresse,
Mais à toi, mon souci, quand je serois Déesse
Ie voudrois obeïr, tant l'éclat de tes yeux
Se rend absolumant des cœurs victorieux.
Que d'un feu violant mon ame est embrasée!
Quand de mon cher Pâris je serois méprisée
Ie me suis resoluë à le cherir toujours;
On ne verra jamais la fin de mes amours:
Que le sort contre moi toute sa force employe,
Pâris jusqu'à la mort sera ma seule joye,
Si j'auois le bon-heur maintenant de le voir
Il obtiendroit de moi ce qu'on en peut auoir,
Et ma pudicité que j'ai si bien gardée
En fin pour l'obliger lui seroit accordée;

Ie ne dénirois rien à sa fidelité,
Et montrant mon amour jusqu'à l'extremité
Ie lui voudrois donner une preuue euidente
Qu'il n'est point dans le monde une meilleure Amāte.
O Dieux si votre soin s'étend jusqu'aux mortels,
Et si ceux qui jadis vous dressoient des autels
N'étoient point abusez en leurs reconnoissances,
Auteurs de la Nature, immortelles essances,
Secourez une Amante, & ne permettez pas
Que son extréme amour la conduise au trépas ;
Si de vos passions l'histoire est veritable
Ayez pitié grands Dieux du mal insuportable
Que je souffre en aimant comme vous auez fait ;
Mais las, que j'apprehende auec bien du sujet
Que tout votre pouuoir n'étant rien qu'un mensonge
Vous ne puissiez m'aider en l'ennui qui me ronge :
Nō, vous n'estiez des Dieux que de pierre, & d'airain,
Et vous n'eustes jamais d'empire souuerain
Sur l'estat des mortels qu'autant que leur manie
Se soumit d'elle mesme à votre tirannie ;
Ceux qui vous adoroient par leur simplicité
Eux mesmes ont détruit votre diuinité
Lors qu'ils nous ont appris en leurs diuers ouurages
Que l'Amour autrefois maitrisa vos courages,
Car un Dieu doit trouuer tout son bonheur en lui,
Et celui de Amans dépend toujours d'autrui.
　C'est donc toi, beau Pâris, qu'il faut que je conjure
De donner un remede aux peines que j'endure,

C'est de toi maintenant que j'attends mon bon-heur,
Ie mets en ton pouuoir ma vie, & mon honneur,
Et si comme autrefois ta belle ame se pique
Des beautez, de l'amour, & des feux d'Angelique,
Mon cœur vien t'en jouyr de mes embrassemans ;
Vien rendre à mon esprit tous ses contentemans ;
Si tu ne viens bien tost je vais perdre l'enuie
De trainer en souci plus longuemant ma vie,
D'un homme tel que toi qu'on ne peut trop cherir
La presence fait viure, & l'absence mourir.

TIRCIS.
ELEGIE VII.

IL faut Amour que tu quittes la place ;
I'ai trop long-temps suporté ton audace,
Et trop souffert que ton trait fut vainqueur
De ma raison ainsi que de mon cœur :
I'ai trop serui cette femme infidelle
Que j'ai trouuée aussi fiere que belle,
Et qui juroit de ne cherir que moi.
Au mesme temps que manquant à sa foi
D'un nouueau feu son ame étoit éprise ;
Ie veux enfin recouurer ma franchise
Et mépriser en sortant de prison
Les trais d'Amour pour ceux de la raison.
Dieux ! que notre ame est bien-tost abusée
Quand nous trouuons une femme rusée

Qui sçait farder son geste, & son discours,
Lâcher les pleurs, & retenir leur cours
Selon qu'elle a besoin de l'artifice
Pour retenir quelqu'un à son seruice !
Plus de deux ans chacun m'a vu deceu,
Sans que jamais je me sois apperceu
Que la beauté de mon cœur adorée
Rit de la foi qu'elle m'auoit jurée;
Ou si par fois quelque libre action
M'a fait douter de son affection,
Elle charmoit si bien ma fantaisie
Que n'en prenant aucune jalousie
I'ai toujours cru que sa fidelité
Etoit égale à sa rare beauté,
Et que le cœur répondoit au visage;
Mais à la fin le temps m'a fait plus sage;
I'ai reconnu qu'en sa legereté
Elle rioit de ma simplicité.
Vous qui seruez de semblables maitresses,
Croyez Amans que les belles caresses
Qu'elles vous font sont communes à tous,
Pour asseruir les autres comme vous :
C'est raremant qu'une femme se donne
A l'amitié d'une seule personne,
Mais de tous ceux qui la vont caresser
Celui-là seul qui la peut auancer
Riche de biens, & tout brulant de flame
En apparence est maistre de son ame;

On la voit pronte à le fauoriser
Dessus l'espoir qu'elle a de l'épouser;
Et cependant en secret elle appelle
D'autres amis pour coucher auec elle,
Qui saûtans d'aise ozent mettre la main
Sans conscience au bien de leur prochain.
Ta femme, Vlisse, outrepassant les bornes
De la Vertu te fit porter les cornes,
Et ce qu'on dit de sa pudicité
Assurémant n'est qu'une fausseté ;
Ie ne puis croire en reuoyant sa vie
Qu'elle fut chaste estant si bien seruie,
Mais j'auoürai qu'il fallut bien de l'art
Pour sembler telle, & te faire cornard :
Toi qui flotant à la merci de l'onde
Auois couru presque par tout le monde,
Tu fus si sot que de croire au retour
Que tant de gens qui lui faisoient l'amour
N'auoient jamais obtenu tant de gloire
Que d'emporter sur elle une victoire,
Et cependant qu'errant en mille lieux
Tu rauissois les maitresses des Dieux,
Qu'à ses Amans elle eust esté rebelle
Pour conseruer l'amour d'un infidelle :
Lors ses façons te tromperent si bien
Que ton esprit ne se douta de rien,
Et se plaignant de ton trop long voyage
Ses dous regards, ses baisers, son langage,

Te firent voir de si grands mouuemans,
Que l'on eust dit que le Dieu des Amans
Eust dans son cœur versé toutes ses flames,
Tant la feintise est naturelle aux femmes :
De moi qui sçai leur malice, & leurs tours
Ie passerai le reste de mes jours
Sans m'amuser à leurs affeteries ;
Ie me rirai de leurs cajoleries,
Et déchargé des fers dont je suis pris
Ie changerai leur estime en mépris ;
Cette beauté qui depuis deux années
Comme il lui plaist régle mes destinées,
Va desormais perdre tout le pouuoir
Que dessus moi son bel œil sçeut auoir ;
Elle aura beau se seruir de ses charmes,
Se tourmanter, & répandre des larmes
Pour m'inciter à la cherir toujours,
Elle verra la fin de mes amours ;
Ni les grandeurs ou son destin la mise,
Ni sa beauté qui rauit ma franchise,
Ni la blancheur qu'elle a dessus le sein
Ne pouront pas empécher mon dessein :
Bien que je fasse un effort sur moi-mesme
Pour mépriser cette beauté suprême,
Et qu'à regret je quitte tant d'apas,
Ce jour passé je ne l'aimerai pas ;
Si ses attrais me donnent des atteintes,
Son inconstance, & les paroles feintes

Dont elle veut abuser ma raison
M'en donneront bien-tost la guerison.

 Ainsi Tirsis couché dessus l'areine
Entretenoit les Nymphes de la Seine;
Ce pauure Amant d'un soubçon agité
Tendoit les mains deuers la liberté
Pour s'affranchir de l'indigne seruage
D'une beauté qui lui sembloit volage;
Mille pensers, mille soins, mille morts
Persecutoient son esprit, & son corps;
Tout ce tourmant venoit de la creance
Que sa maitresse approuuoit l'inconstance,
Et toutefois priué de jugemant
Il eust voulu connoistre clairemant
Par des témoins, si sa belle inhumaine
Le trahissoit. & rioit de sa peine:
Mais quoi qu'il fist, son superbe vainqueur
Le grand Amour ne quitta point son cœur;
Dès qu'il reuit la beauté qu'il adore
Sa passion deuint plus forte encore,
Et son courous se vit lors appaiser
Par la douceur d'un amoureux baiser.

ELEGIE VIII.

Qvoi que chacun diuersemant vous flate
Soit des grandeurs dont votre race éclate,
Soit des beautez dont la faueur des Cieux
Vous a paré le visage, & les yeux,

Il ne faut pas ô ma belle Sylvie
Dédaigner ceux dont vous estes servie;
Les Dieux sont grands, & peuvent dessus vous
Au moins autant que vous pouvez sur nous,
Et toutefois ils ont l'oreille preste
Pour écouter notre moindre requeste
N'ayans jamais demandé des autels
Que pour ouïr les plaintes des mortels:
Comme eux, mon cœur, montrez-vous pitoyable;
Quand je vous di ma douleur incroyable
Ayez comme eux de la compassion,
Et regardez plutost l'affection
Que la grandeur de ceux qui vous courtisent;
D'assez de biens les Dieux vous favorisent;
Votre bonheur ne se peut augmenter,
Sinon pourtant qu'on y peut adjouter
Le bien d'avoir un serviteur fidelle
Qui sa Princesse, & son tout vous apelle:
Les grands Seigneurs n'aiment pas longuemant;
Tout leur plaisir consiste au changemant,
Et dès qu'ils ont sur les femmes puissance
Leur passion meurt en la jouïssance.
Reine des cœurs, mon unique desir,
Le seul Amant que vous devez choisir
C'est celui-là qui vous plaist davantage,
Et sans mentir on ne peut sans outrage
Assujettir tant d'aimables apas
A quelque Grand que vous n'aimeriez pas;

La majesté d'un royal diadême
Ne peut payer votre beauté suprême;
C'est autremant qu'on vous doit acquerir;
Il faut seruir, soupirer, & mourir
Cent fois le jour d'une amour excessiue;
C'est seulemant par là que l'on arriue
A mériter un si riche trésor;
Laissez ses gens qui possedent plus d'or
Que de vertus pour se rendre estimables,
Et de tous ceux que l'Amour rend aimables
Prenez celui de qui la passion
Touche le plus votre inclination.
Mais ce conseil ne m'est-il point nuisible?
Las! qu'ai-je dit? quelque riual possible
A dessus moi cet extreme bon-heur
Que d'approcher plus près de votre humeur;
Voyez Madame à quel point je vous aime,
Pour vous seruir je me nuis à moi mesme,
Et j'aime mieux me résoudre au trépas
Qu'auoir un bien qui ne vous plaise pas;
L'amour que j'ai toute autre amour excede;
Votre beauté tout à fait me possede,
Et dessus moi domine absolumant;
Soit jour ou nuit je pense incessammant
Au trait de feu que vos yeux me lancerent
Quand d'un seul coup de cœur ils me priuerent;
Ce n'est qu'à vous que j'adresse mes vœux;
Tous mes liens sont faits de vos cheueux,

Et si le Ciel vous reprenoit Madame,
Au mesme jour j'aurois le cœur, & l'ame
Comme devant en plaine liberté;
Je me rirois de toute autre beauté;
Vos seuls apas ont pouvoir de me prendre;
A d'autres qu'eux je ne voudrois me randre,
Mais qui vous voit il doit estre sans cœur
Si prontemant votre œil n'en est vainqueur:
Soit mon Destin contraire ou favorable,
Que je devienne heureux ou miserable,
Je l'ai juré, pour un sujet si beau
Je veux aimer encor dans le tombeau.

ELEGIE IX.

CHarmé des dous apas du bel œil de Cloris
Je passe innocemmant mes jours parmi les ris;
Je ne voi rien d'égal au bien que je possede;
J'entends chacun se plaindre, & chercher un remede
Aux tourmans infinis qu'il se dit endurer,
Moi de tous les mortels je vi seul sans pleurer:
Le Destin s'accommode à ce que je desire,
Et l'Amour m'a sousmis les loix de son empire;
Je gouverne Cloris selon ma volonté,
Et jamais son desir du mien n'est écarté;
Aussi pour pour n'estre ingrat je la cheris de sorte
Qu'on ne peut égaler l'Amour que je lui porte;
Les Amans du passé n'aimoient point comme moi,
Et quoi que l'on ait dit en faveur de leur foi,

Toute leur amitié n'est rien que tromperie
Lors qu'on la considere auprès de ma furie:
J'aime plus ardemmant que l'on n'a point aimé,
Jamais d'un autre objet je ne serai charmé ;
Je promets que toujours ie lui serai fidelle,
Et dedans le transport où l'on me voit pour elle
J'assure sans parler contre la verité
Que mon affection égale sa beauté.
Que Florice me nomme infidelle, & volage;
Elle a beau contre moi faire éclater sa rage,
Malgré tout son courous, & son extrême orgueil
Cloris n'aura de moi qu'un fauorable accueil;
Au mépris des grandeurs ou Florice est nourrie
Ma bergere toujours sera de moi cherie ;
Si vous vouliez aussi plus long-temps m'arrester
Florice il me falloit plus doucemant traitter;
Celle qui maintenant occupe votre place
Lors qu'elle est près de moi n'a point le cœur de glace;
Elle voudroit toujours en mes bras demeurer;
Quand la nuit nous a fait pour un temps séparer,
Elle croit que le ciel l'a beaucoup offencée,
Et bien que mon plaisir demeure en ma pensée
Il nous tarde à tous deux qu'il ne soit déja jour
Pour nous entretenir de notre chaste amour.
Si tost que le Soleil a dissipé les ombres,
Et que ses beaux rayons aux forests les plus sombres
Donnent de la lumiere à travers les rameaux,
Que le bruit des chasseurs éueille les oyseaux,

Et

DES ELEGIES.

Et que les laboureurs commancent la journée,
Tout joyeux je me rends en la place ordonnée
Ou pour me caresser, & pour m'entretenir
Ma fidelle Cloris doit bien-tost reuenir:
Attendant ce bon-heur je discours en moi-mesme
Du mérite infini de la beauté que j'aime;
Ie pense auec plaisir aux douceurs du sommeil
Qui m'ont representé cet objet nompareil,
Et je beni Morphée au milieu de ma joye
Pour le remercier des faueurs qu'il m'octroye:
Lors que quelque accidant empesche son retour
Ie pastis de frayeur, & transporté d'amour
Ie cherche le sujet qui l'aura retenuë;
Mais comme le Soleil dißipe à sa venuë
Les nuages épais qui nous couuroient les Cieux,
Aussi-tost que Cloris se presente à mes yeux
Mon esprit est tranquille, & mon cœur se dilate;
Vne extrême allegresse en mon visage éclate,
Et l'excez du bon-heur maistre de tous mes sens
M'empesche d'exprimer les plaisirs que je sens:
Viuans parmi les champs loin de tous artifices
Nous passons la journée entre mille delices;
Par fois cette beauté me veut persuader
Que mon amitié doit à la sienne céder;
Tels qu'on voit deux lutteurs qui desireux de gloire
Cherchent tous les moyens d'obtenir la victoire,
Ils sont entre-lassez de jambes, & de bras,
Chacun fait ce qu'il peut pour mettre l'autre à bas;

T

La chaleur du combat leur accroist le courage;
Ils esperent tous deux d'auoir de l'auantage,
Et rendus pour l'honneur plus roides, & plus forts
Font voir aux yeux de tous l'adresse de leurs corps.
Tels nous pourroit-on voir dessus un beau riuage
Ou deux rangs d'alisiers font toujours de l'ombrage
Disputer qui des deux aime plus ardemmant;
Chacun par des raisons s'efforce doucemant
De montrer que l'Amour maitrise plus son ame,
Et l'ardeur des baisers témoigne notre flame;
Cette douce querelle augmante notre amour;
Toutes les deitez du pays d'alentour
Admirent qu'un Amant ayant tant de licence
Soit près de sa maitresse auec de l'innocence;
Cloris pour meriter l'honneur de mieux aimer
Iure qu'un autre objet ne la peut enflamer;
Son œil comme en langueur par ses regards m'assure
De ne la voir jamais coupable du parjure;
Sa belle main me flatte, & me fait confesser
Que l'amour de Cloris ne se peut surpasser:
Venus n'usa jamais de plus de mignardise
Alors qu'elle gaigna le cœur de son Anchise,
Et jamais plus que moi l'Amour ne fut touché
Quand il se laissa prendre aux appas de Psiché,
Dieux que je suis content! que ma fortune est belle!
Que le bon-heur est grand ou le destin m'appelle!
Que ma belle bergere a de puissans appas!
Ie serois insensé si je ne l'aimois pas;

Perses qui possedez de si grandes Prouinces,
Et qui faites des loix à de si puissans Princes,
Vos pompes, vos grandeurs, & vos riches tresors
N'ont rien de comparable aux beautez de son corps;
Ie ne changerois pas Cloris à votre empire,
Ni sa pauure cabane aux Palais de porphire
Dont l'Eufrate, & le Tigre ont leurs bords enrichis;
Depuis que par mes vœux les Dieux furent flechis,
Et que les rudes fers, & les liens de flame
Dont l'ingrate Florice asseruissoit mon ame
Auec un peu d'effort se virent tous brisez,
I'ai vu d'un tel bon-heur mes jours fauorisez
Que je me tiës cent fois plus heureux que vous n'estes;
Ie ne gouste à present que des douceurs parfaites,
Et tous les enuieux par leurs mauuais discours
N'ont pû jamais mesler de fiel en mes amours.

 Ne te lasse Cloris de m'estre fauorable;
Traçant sur un papier ta grace incomparable
Ie te ferai paroistre auec tant de beauté
Que plusieurs te prendront pour une deïté;
Telle on peindroit Venus, ou Diane, ou l'Aurore,
Sinon que tes attrais les surpassent encore:
C'est le moyen que j'ai de te recompanser;
Ma veine en te chantant ne se pourra lasser,
Mais dans ce doux trauail augmentant mon courage
Ie ferai d'heure en heure embellir mon ouurage,
Et si la France un jour fait estat de mes vers
La gloire de ton nom remplira l'uniuers.

ELEGIE X.

Cependãt que les Dieux cõblent tes jours de joye,
Qu'il n'est riẽ qu'à tes vœux la fortune n'octroie
Et que suiuant toujours ton innocent desir
Tu ne connois l'Amour sinon par le plaisir;
Ami je suis troublé d'une peine infinie;
Maintenant de mon corps mon ame est desunie;
Ie ne voi plus l'objet qui me rendoit heureux;
I'éprouue ce qu'Amour a de plus rigoureux;
Soit la nuit soit le jour mon esprit est en peine:
Toujours deuers Cloris une fureur le meine;
Je pense incessammant au bien que j'ai quitté;
L'incroyable douleur dont je suis agité
Ne se peut diuertir par aucun exercice;
Plusieurs pensant me rendre un signalé seruice
M'ont fait ouïr le son des plus dous instrumans;
Les Luts n'ont pu jamais amoindrir mes tourmans;
I'ai trouué sans douceur la harpe, & l'épinette;
Les bergers de Poitou joüans de la musette
Ont perdu le secret de me rauir les sens;
I'ai dans le souuenir des charmes plus puissans
Qui ne permettent pas que le feu qui m'enflame
Abandonne mon cœur, & laisse en paix mon ame;
Si tu sçais des secrets contre le mal d'amour
Depesche en ma faueur de les produire au jour;
Viens sauuer ton ami qui ne peut dauentage
Combattre le malheur qui cause son naufrage;

Mais où veux-je chercher les moyens de guerir ?
C'est toi belle Cloris qui me peux secourir ;
Ton absence est ma mort, ta presence est ma vie,
Toute sorte de joye auec toi m'est rauie,
Et si dans peu de jours je ne puis te reuoir
Ma perte est assurée, & je n'ai plus d'espoir.

ELEGIE XI.

Merueille des beautez, mon astre le plus beau
Il n'en faut plus douter je suis près du tombeau ;
Ie ne sçaurois plus viure auec tant de martire ;
Il faut que de mon corps mon ame se retire ;
En ces derniers momans où vont finir mes jours
J'implore neantmoins encore ton secours ;
Qu'il auient raremant qu'un Amoureux soit sage !
Cloris au lieu de toi j'adore ton image ;
Ie lui fais humblemant des vœux pour ton retour ;
Ie lui conte la peine où me met ton amour,
Et combien d'accidans ont trauersé ma vie
Depuis le triste jour que tu me fus rauie :
Au lieu de me répondre elle rit doucemant,
Pour moi je ne sçai pas si c'est de mon tourmant,
Ou bien pour m'assurer qu'elle m'est exorable ;
Que mon sort desormais sera plus fauorable,
Et que par un bonheur à nul autre pareil
Ie doy bien tost reuoir l'éclat de mon soleil.
Dans le trouble où je suis un bon demon m'assure
De voir bien tost la fin des peines que j'endure,

Et plus la passion me resoud à mourir,
Plus par quelque esperance il tasche à me guerir,
Et comme l'on se flatte en ce que l'on desire
Ie me promets déja la fin de mon martire;
Moi mesme à me tromper je trouue des appas;
Ie rends grace à l'Amour d'un bien que je n'ai pas;
Il me semble mon cœur que déja je te baise,
Et que ma passion dessus ton sein s'appaise;
Ie croi voir tes beaux yeux, entendre tes discours,
Et que nous nous jurons d'éternelles amours.
Mais Dieux! que ce plaisir en peu de temps se passe!
Tel que durant la pluye apparoist un espace
Parfois dedans la nuë où sans peine les yeux
Découurent la couleur qu'on se figure aux Cieux;
Le voyageur le tient comme un certain présage
Que tout l'air doit bien-tost paroistre sans nuage;
Son cœur se réjoüit, il reprend sa vigueur,
Quand le vent augmenté de force, & de rigueur
Broüille l'air dauentage, & fait dessus sa teste
Siffler les tourbillons d'une horrible tempeste.
Tel l'espoir qui me flatte, & me veut assurer
Que notre éloignemant ne doit toujours durer,
M'allege quelquefois, mon esprit se console,
Et déja je me pais d'une attente friuole;
Mais lors qu'auec loisir je pense meuremant
Combien l'obstacle est fort qui met empeschemant
Au bien tant desiré de nous reuoir ensemble,
D'horreur, de desespoir, & de frayeur je tremble,

Et plein d'étonnemant je trouue que le sort
Ne peut mieux m'obliger qu'en me donnant la mort.
Beauté qui peux rauir les plus grands Rois du monde,
Merueille inestimable à nulle autre seconde,
Adorable Cloris à qui les immortels
Ne peuuent justemant disputer les autels,
Ie ne desire plus que viure en ta mémoire;
Ce sera desormais le comble de ma gloire;
Si tu dois quelque chose à ma fidelité,
Et si sans offencer ta rare chasteté
Tu me peux ô Cloris accorder une grace,
Garde moi dans ton cœur à jamais une place,
Oblige ton Amant d'un petit souuenir,
Notre Amour est si beau qu'il ne doit point finir;
Vn Dieu seroit sujet à l'Empire des Parques,
Et vainemãt mes vers montreroient tant de marques
Des feux chastes, & purs qui nous brulent le cœur
Si le temps à la fin en deuenoit vainqueur:
Il te faut dire adieu, je ne sçaurois plus viure,
Permets que le trépas de douleur me déliure;
Puisque tu ne viens point comme tu m'as promis
Refusant le secours de mes plus chers amis
Ie vais finir ma vie, & rendre à Dieu mon ame;
Ie sçai que pour ma mort tu n'auras point de blâme,
Et que si ton pouuoir égaloit ton desir
Tu reuiendrois bien tost finir mon déplaisir;
Mais notre affection est trop infortunée,
Nous ne serons jamais conjoints par l'Hymenée.

Et je n'espere plus tant de faueur des Cieux
Que je puisse jamais contempler tes beaux yeux;
Adieu chere Cloris, je jure que je t'aime
Auecques plus d'ardeur mille fois que moi mesme.

Aminte auoit à peine écrit ces derniers vers
Que sa débilité le fit choir à l'enuers ;
Cependant que son ame alla voir sa maitresse
Son corps sans mouuemant accablé de foiblesse
Parut trois heures mort; tout le monde pleuroit,
Et déja sans espoir au dueil se preparoit,
Quand un clin de ses yeux assura que sa vie
En ce triste accidant n'auoit esté rauie.

A MONSIEVR DE MALLEVILLE.

ELEGIE XII.

Qve ces tristes Amans qui ne font que pleurer,
Et passent leur jeunesse à plaindre, & soupirer
Pour fléchir la rigueur d'une ingrate maitresse,
Ne viennent point troubler notre juste allegresse;
Nous n'auons de l'Amour que les fleurs, & les fruits,
Laissons aux malheureux la peine, & les ennuis;
Tandis qu'ils pleureront leur estat miserable
Mon bien-aimé Damon, esprit incomparable
Qui sçais si bien gaigner le cœur des deitez
Discourons à loisir de nos felicitez;

Conte

DES ELEGIES.

Conte moi les faueurs que ta Philis t'octroye,
Ne me refuse point une part en ta joye ;
Ie m'oblige à te faire un semblable discours,
Et t'ouvrir le secret de toutes mes amours:
Voyons qui de nous deux auecques plus de gloire
A dessus sa maitresse obtenu la victoire:
Ie veux mon cher Damon maintenir contre toi
Qu'Amour ne t'a jamais si bien traité que moi.
Ie sçai bien que tu sers une femme adorable,
Et que l'estat des dieux est vraymant deplorable
Alors qu'on le compare au bien dont tu jouys;
Ceux qui la veulent voir demeurent esblouys;
La liberté se perd auprès de son visage ;
Son poil dedans ses nœuds tient les cœurs en seruage;
L'Amour prend dãs ses yeux ses traits, & son flãbeau,
Et ceux qu'il veut bruler brulent d'un feu si beau
Que parmi les douleurs qu'ils endurent pour elle
Nul n'a pu se resoudre à l'appeller cruelle:
Mais quoi que mon discours du sujet surmonté
Ne puisse entieremant exprimer sa beauté,
Ie jure que Cloris l'égale en toutes choses;
Son teint paroist plus beau que les lis, & les roses,
Et si je ne craignois de te desesperer
Ie dirois qu'à Philis on la doit preferer:
Si tu voyois Cloris tu serois infidelle ;
Ton cœur épris d'amour n'agiroit que pour elle ;
Tu ne pourois quiter un objet si charmant,
Et ses douces faueurs te plairoient seulemant.

V

Damon ne flate point ton amoureux courage,
Cloris à sur Philis un pareil auantage
Que tes vers eternels ont sur ceux que je fais;
Ta dame à tes écris doit bien de ses attrais,
Et la mienne se plaint de n'estre pas décrite
Auec tant de douceur que sa beauté merite :
Et puis combien de temps la Reine de ton cœur
T'a t'elle fait sentir ce que peut sa rigueur,
Tu pleurois tout le jour tant elle étoit cruelle,
Damon tu n'auois plus ta grace naturelle,
Et dans ce pauure estat tu viuois à la cour
Plus semblable à la Mort que non pas à l'Amour :
Pour moi jamais Cloris ne me fut inhumaine,
Et jamais son humeur ne me donna de peine,
Peut estre me veux-tu maintenant reprocher
Que je ne jouis plus d'un bien qui m'est si cher,
Et qu'absent des beaux yeux qui me combloient de joye
Je n'en aurai jamais que ie ne les reuoye;
Que le jour, & la nuict ie ne fais que pleurer,
Et que i'ai des douleurs qu'on ne peut moderer,
Au lieu que ta Philis te baise, & te caresse,
Et que n'ayant sur toi que le nom de Maitresse,
Tu peux sans vanité te dire son vainqueur;
Tu sçais tous les secrets qu'elle a dedans le cœur
Et passes doucement entre ses bras ta vie,
Le myrthe, & le laurier en dépit de l'enuie
Te couronnent la teste, & jamais le Soleil
Ne vid en l'âge d'or rien qui te fust pareil.

Mais pour cela Damon tu n'as point d'auantage;
Il eſt vrai que le ſort me fit un tel outrage
En m'oſtant le ſujet qui me rendoit heureux,
Qu'il me falut pleurer pour paroiſtre amoureux.
 Mais Dieux! que ma Cloris a bien ſçeu me remettre!
Deux petis bracelets pliez dans une lettre
Par de ſi doux efforts ont chaſſé mon ennui
Qu'il ne m'en reſte plus que le nom aujourd'hui.
Comme on voit une armée en quelque terre étrange
Perdre auecques le cœur le deſir de loüange,
Lors que la ſolde manque, & que la pauureté
La remplit de miſere, & d'incommodité:
Mais quand l'argent arriue elle reprend courage;
On voit tous les ſoldats ſe mettre en équipage;
Chacun court à la monſtre, & d'un braue maintien
Fait paroiſtre à ſon chef qu'il ne redoute rien.
Ainſi depuis le iour que ie perdi la veuë
Des celeſtes beautez dont Cloris eſt pourueuë,
I'étois tout languiſſant, & ie ne ſçauois pas
S'il falloit viure encore ou courir au trépas,
Mais le rare preſent que Madame m'enuoye
M'a rendu l'eſperance, & ma comblé de joye;
En un momant i'ai vu finir tous mes ennuis,
Et nul ne fut iamais plus heureux que ie ſuis:
Ie laiſſe maintenant les pleurs aux miſerables;
Ie ceſſe d'appeller les cieux inexorables;
Tous ceux qui m'affligeoient ont perdu leur couroux;
Les deſtins deſormais me vont eſtre bien doux;

Toute chose se rend à mes desirs facile ;
Ie ne soupire plus, mon esprit est tranquille;
Cloris dans peu de jours doit estre de retour;
Garde mon cher Damon de pleurer à ton tour.
Notre felicité n'est jamais assurée;
Plus un bon heur est grand, moins il a de durée;
La Fortune te rit, tu vis heureusemant,
Mais le bien qu'elle fait se perd facilemant.

ELEGIE XIII.

Qv'on ne me parle plus d'Apollon ni de Muse,
En ces vaines erreurs mon esprit ne s'amuse,
Ce sont des deitez que l'on ne connoit plus,
Leurs noms dans les écris sont presque superflus,
Et n'ont pas le pouuoir d'exciter en notre ame
Comme le peuple croit cette secrete flame
Qui nus éleue en haut, & nous fait conceuoir
Toutes ces raretez que les liures font voir.
Si quelque chose au monde apres Dieu nous inspire,
Et porte notre esprit jusqu'au celeste empire
Pour y considerer les principes diuers
De toutes les beautez qui sont en l'uniuers,
C'est sans doute l'Amour, ce Demon d'allegresse,
Qui par les mesmes traits dont nos esprits il blesse
Subtilise nos sens, & plein de deïté
Nous fait perdre beaucoup de notre infirmité :
Ou si pour l'ornemant il faut suiure à la trace
Ce que jadis les Grecs ont chanté de Parnasse,

Et là s'imaginer d'incroyables douceurs,
Inuoquer Apollon, & les neuf belles sœurs,
Et feindre qu'on a bu des eaux de leurs fonteines;
Tandis que la jeuneſſe échauffera mes veines
Cloris ſera ma Muſe, Amour mon Apollon,
Ie changerai Parnaſſe à quelque beau valon,
Et ſans chercher ſi loin les ondes d'Hppocrene
S'il faut boire de l'eau je n'irai qu'à la Seine:
Chacun diuerſement ſe peut faire eſtimer,
De moi que doucemant l'Amour contraint d'aimer,
Ie veux pour acquerir à mes vers une gloire
De qui jamais les ans n'effacent la memoire
M'efforcer de chanter d'un ſtile net & dous
Les merueilleux effets qu'il produit parmi nous.
Amour que ta puiſſance en miracles abonde!
On ne voit rien ſans toi proſperer dans le monde;
Sans tes douces faueurs les plus grands Potentats
Ne peuuent ſeuremant gouuerner leurs Eſtats;
Ton feu fait ſurmonter à l'homme plus debile
Tout ce que les vertus ont de plus difficile;
Tu rends le Philoſophe inuincible aux efforts
Que font deſſus l'eſprit les mouuemans du corps;
Sans toi le Capitaine au mépris de ſa vie
N'iroit pas aux dangers où l'honneur le conuie,
Ni tant de grands Docteurs de ſcience affamez
Ne ſeroient jour & nuit dans l'étude enfermez.
Si ce que je compoſe eſt parfois agreable.
C'eſt à toi grand Demon que j'en ſuis redeuable,

Dès que je sceus aimer, je sceus faire des vers,
Alors tous leurs secrets me furent découverts,
Ie traçai pour Cloris une si belle image,
Que le plus insensible aux attraits d'un visage
Commença de sentir ce que peut la beauté
Dessus les mouuemants de notre liberté :
Ayant bien contemplé son corps incomparable,
Bien remarqué sa taille, & son port venerable,
Eclairé de l'Amour ainsi que d'un flambeau
Ie vi ce que son ame a de rare & de beau ;
Ne pouuant lui donner d'assez dignes loüanges
I'admirai qu'elle fust presque semblable aux Anges,
Et m'éleuant en fin au souuerain Auteur,
Et de la creature allant au createur
Ie loüay ce grand Dieu de qui la vois feconde
Crea tant de beautez pour l'ornemant du monde,
Et benissant son nom je fis un grand sermant
De n'estimer Cloris que pour lui seulemant.
Lors je consideray ses grandeurs nompareilles,
Ie demeurai raui de voir tant de merueilles,
Et portant ma pensée à ses plus grands effors
Mon esprit s'enrichit parmi tant de tresors,
Et comprit des secrets dont les maistres d'école
N'auoient pu m'éclaircir une seule parole ;
En peu de temps ainsi j'eus beaucoup de sçauoir,
Tant dessus toute chose Amour a de pouuoir :
Chacun le doit tenir pour l'ame de notre ame ;
C'est lui qui de ses trais tout le cœur nous enflame

Et donne à nos desirs le moyen d'acquerir
Un glorieux renom qui ne puisse perir.
Celui qui n'aime point paroist comme imbecile,
A quoy qu'il entreprenne on le voit mal habile;
Comme chaque Astre doit au Soleil sa clairté,
L'esprit prend de l'Amour sa force, & sa beauté;
Si je cesse d'aimer je cesserai de viure,
Je veux que le trépas seulemant me deliure
De si dignes liens dont je suis attaché;
Je puis seruir Cloris sans faire de peché,
Et si je parle d'elle auec tant d'auantage
C'est afin d'honorer l'Auteur en son ouurage.
    Belle passons ensemble innocemmant nos jours,
Que les Graces, le jeu, les ris & les Amours
Soient toujours compagnons de notre heureuse vie,
Rions chere Cloris des efforts de l'enuie,
Et sans craindre le bruit que font nos ennemis
Iouyssons des plaisirs que Dieu nous à permis.

ELEGIE XIIII.

Qu'en un moment je reçoi de plaisir !
L'heur qui m'arriue égale mon desir;
Je voi Cloris, je l'embrasse, & la baise,
Que de douceur apres tant de malaise !
J'ai de la peine à croire que les Dieux
Donnent vrayment ce plaisir à mes yeux;
J'ai peur Cloris qu'un fantosme m'abuse,
Et que le sort vueille par cette ruse

Que je reçoiue un tel contentemant
Pour ressentir après plus de tourmant.
Ce que je voi neantmoins t'est semblable;
Comme le tien son port est venerable;
Elle a ton poil, ton ris, & ton parler,
Son seul visage au tien peut s'égaler,
Comme les tiens ses yeux donnent des flames
Par qui l'Amour brule toutes les ames,
Elle a ta grace, & ta rare beauté,
Et je ne voi par tout qu'égalité.
Chere Cloris ma doute est effacée;
C'est toi vraymant que je tiens embrassée;
Pour me tromper un Demon ne peut pas
Feindre un objet pourvu de tant d'appas:
Que je suis gay! que mon ame est contente!
Elle jouit du fruit de son attente;
Que je fis bien de n'abreger mes jours
Quand je perdi l'espoir de ton secours!
Montre ton sein; permets que je le voye;
Tu ne dois rien refuser à ma joye;
Par cent baisers témoignons aujourd'hui
L'heureuse fin de notre extrême ennui.
Comme un Pilote après un long voiage
Se réjouit d'estre sur le riuage,
Lors qu'échapé tant de fois de la mort
Il voit sa flote heureusemant au port;
Ainsi mon cœur après tant de martire
Il est permis de chanter, & de rire;

Ne songeons plus à nos ennuis passez;
Enfin les Cieux ne sont plus couroucez;
Ils ont permis qu'encore je te visse,
Et cependant que le vent est propice
Vivons Cloris au gré de tous nos sens;
Passons le temps en des jeux innocens,
Et faisons voir que rien n'est doux au monde
Comme l'Amour qui sur l'honneur se fonde.

ELEGIE XV.

Puisque le carnaual aux plaisirs nous conuie,
Passons joyeusemant desormais notre vie;
Nous mesmes Philidor nous faisons nos destins;
Que nos moindres repas passent pour des festins;
Que Bacchus entre nous apparoisse en sa gloire,
Et pour lui ne cessons de chanter, & de boire;
C'est le Dieu qui fournit les plus dous passetemps;
Personne n'a jamais connu de malcontents
En tant de lieux diuers ou s'étend son empire;
Il fait croire à chacun qu'il a ce qu'il desire;
Sa liberalité le rend victorieux,
Et le fait preferer à la plus-part des Dieux;
Il donne la vaillance aux hommes plus timides;
Ceux qui suiuent ses lois ne sont jamais perfides,
Et ne pratiquent point l'art de dissimuler;
On connoist leur pensée à les ouyr parler;
Ce Dieu delicieux dissipe la tristesse,
Et fais que les ennuis font place à l'allegresse,

X

Ayons le meilleur vin qui soit dedans Paris;
Ie vais boire six fois au beau nom de Cloris.
Et toi cher Philidor tu dois faire de mesme
Au nom de la beauté qui t'a rendu si blesme;
Sans doute le bon vin allegera ton cœur,
Et si l'Amour toujours en demeure vainqueur,
Auparauant Ami que nous sortions de table
En faueur de Bacchus il sera plus traitable;
Tu ne parleras plus de te desesperer,
Et toute chose alors te viendra figurer
Que ta belle maitresse à gaigner est facile,
Et le front plus serein, & l'esprit plus tranquile
A la fin du répas plain de vin, & d'espoir
Tu me diras commant elle eut sur toi pouuoir.
 Aminte à son ami tenoit un tel langage,
Pour l'exciter à boire, & lui donner courage,
Et selon que Bacchus de mouuemans diuers
Echauffoit son esprit il écriuoit ces vers,
Et n'eust si tost cessé si selon sa coutume
Pour courir à son verre il n'eust quitté sa plume.

ELEGIE XVI.

Que je sois malheureux, & que Dieu me punisse
Si je cesse jamais de vous rendre seruice;
Madame n'ayez peur que je sois enchanté
Par le bon traitemant de quelque autre beauté;
Vos discours seulemant peuuent plaire à mon ame;
Si vos yeux n'étoient plus mon cœur seroit sans flame.

Et si quelque accidant consumoit vos cheueux
Sans doute mes liens periroient auec eux ;
Si vous ne viuiez plus je n'aurois plus de joye,
Pour m'estimer heureux il faut que je vous voye,
Et de tous les objets les plus delicieux
Votre seule beauté peut contenter mes yeux ;
J'y trouue des appas qui sont incomparables ;
Vos faueurs seulemant me semblent desirables :
J'abhorre les baisers s'ils ne viennent de vous,
Mais quand vous les donez il n'est rien de plus doux,
Ie pâme en y pensant, mon ame en est rauie,
Et presque le transport me fait perdre la vie ;
On ne peut pas aimer auecques plus d'ardeur,
Mon amour ne voit rien d'égal à sa grandeur ;
Ie vous estime plus que le reste du monde,
Et quoi que sa rondeur en tant de biens abonde
Ie me tiendrois moins riche ayant tous ses tresors
Que celui qui pourroit iouyr de votre corps :
Ie veux bien perdre tout pourvu que je vous aye ;
La pauureté pour vous aura la face gaye,
Et quoi que l'on la fuye auecque tant de soin
Ie veux belle Cloris que le ciel soit témoin
Qu'il n'est point d'opulence à qui je ne préfere
L'honneur de vous seruir, & le bien de vous plaire ;
Les plus aspres rigueurs de la necessité
Me tiendroient près de vous lieu de felicité ;
Ie ne serai jamais rebelle à votre empire,
Et deusse-je en aimant n'auoir que du martire,

X ij

Ie jure que plutost le bel astre du jour
Se verra sans clairté que mon cœur sans amour.

ELEGIE XVII.

A La fin j'ai fléchi la cruauté des cieux,
Mes craintes ont cessé, Cloris se porte mieux,
Son embonpoint reuient, son corps se renouuelle,
Et reprend maintenant sa grace naturelle,
Son visage paroist de jour en jour plus beau,
Et ses puissans appas reuiennent du tombeau.
Apres l'hiuer ainsi les fleurs naissent sur terre,
La Fortune toujours ne nous fait pas la guerre,
Et sa rouë en ses tours par ordre compassez
Eleue enfin ceux-là qu'elle auoit abaissez.
Ces volages amans qui l'auoient delaissée
Croyant qu'entierement sa beauté fust passée,
Se verront desormais méprisez à leur tour,
Et Cloris justemant rira de leur amour,
Qui trouue son cercueil aussi-tost qu'elle est née,
Tandis que ma constance à bon droit couronnée
Me fera receuoir ce que j'ai merité
Pour auoir esté ferme en ma fidelité.

Toi qui peux disposer des fortunes humaines,
Amour puissant Demon des plaisirs, & des peines,
Cesse d'apprehender que ton sceptre ébranlé
Se voye indignemant par les hommes foulé;
Cloris pour qui déja tout le monde soupire
Iusques dedans les Cieux étendra ton empire,

Et les dieux qui vouloient dissiper ses beautez
Lui viendront en hommage offrir leurs libertez.
Et moi qui seulemant nâquis pour sa loüange,
D'un chant qui s'entendra jusqu'aux riues du Gange
Ie dirai son triomphe, & comme ses beaux yeux
De la terre, & du ciel furent victorieux;
Lors je ferai qu'en vain pour l'amour de ma belle
Iupiter receura quelque forme nouuelle,
Et qu'il sera moqué se cachast-il encor
Comme il fit autrefois dessous l'éclat de l'or:
Chacun selon son rang, ou selon son merite
Verra dedans mes vers sa défaite décrite.
 Et vous belle Cloris assize en majesté
Dessus un char pompeux par des cignes porté,
Vous irez dans les Cieux triopher des Dieux mesmes,
Vous donnerez des lois aux puissances suprêmes,
Et la Victoire alors couuerte de rubis
Volera deuant vous en ses plus beaux habis.
Pourvu que vos faueurs me donnent de l'audace,
Mes vers vous donneront une si digne place,
Et vous feront paroistre en un tel appareil,
Que vous serez connuë autant que le Soleil.

ELEGIE XVIII.

IE ne puis le nier Cloris tient ma franchise,
Et plus fort que deuant mon ame en est éprise;
L'amour qu'elle me donne a de si dous apas
Que je n'en puis sortir sinon par le trépas;

Ie ne sçai ce que c'est que de pleurs ny de plainte,
Et la douleur jamais ne me donne d'atteinte :
Tel que le beau Printemps de ses douces chaleurs
Fait naistre chaque jour mille nouuelles fleurs;
Tel l'amour de Cloris de sa diuine flame
Fait naistre à tous momans des plaisirs en mon ame;
I'ai fait vœu de l'aimer le reste de mes jours,
Ie ne puis écouter ces injustes discours
Qui veulent m'inciter à ne plus randre hommage
A la rare beauté qui brille en son visage;
C'est une lâcheté que de fausser sa foi,
Nul ne poura jamais obtenir dessus moi
Que je mette en oubli mille cheres delices
Dont elle veut payer mes fidelles seruices;
A rompre ses liens je ne puis consentir;
Ceux qui de son amour me veulent diuertir
Ne seroient pas si fous que de s'éloigner d'elle
S'ils goutoient les plaisirs ou sa douceur m'appelle.
Ne craignez point Cloris; mes vers, & mon amour
Vous doiuent rendre illustre, & faire voir au jour
Les plus rares beautez, & la plus chaste flame
Que jamais la nature ait mises dans une ame;
I'emploirai tout mon art à vous éterniser;
Ayez soin seulemant de me fauoriser,
Et ne rejettez pas les vœux de votre Aminte
Pour ceux qui vous voudroient abuser d'une feinte.

ELEGIE XIX.

Venus qu'ai-je commis contre ta deité
Pour estre par ton fils si rudemant traité?
Ai-je par mes discours méprisé ta puissance?
Ne t'ai-je pas toujours rendu l'obeissance
Où les lois de nature obligent les mortels?
Et mon orgueil t'a-t'il refusé des autels?
O puissante Déesse ai-je fait quelque ouurage
Où mon cœur amoureux ne te rende un hommage?
Et chacun n'a-t'il pas remarqué dans mes vers
Ta gloire, ton triomphe, & tes effets diuers?
Si je n'ai point failli d'où peut venir ton ire?
Ie me voi préparer un extrême martire;
Cloris fait ses adieux afin de s'en aller,
Et l'ennui que j'en ay ne se peut égaler:
Alors que justemant j'attendois cette joye
Qu'Amour pour récompense à ses sujets octroye,
Et croyois receuoir de ma fidelité
L'inestimable pris que j'auois mérité,
I'ai vu tous les Destins conjurez à ma perte;
Déja pour m'engloutir la terre s'est ouuerte,
Ie n'attens que la mort depuis le triste jour
Que Madame s'appreste à quitter ce sejour:
Helas! que m'a serui d'auoir esté fidelle?
Que m'ont serui les vœux que je faisois pour elle,
Si las! sans récompanse il me faut consentir
A me tuer moi-mesme en la voyant partir?

Dieux! quelle cruauté fut jamais ressentie
Que je ne souffre pas à cette departie?
Au lieu que je deurois après tant de tourmans
Paruenir aux douceurs des plus heureux Amans,
Cette rare beauté pour qui je suis de flame
N'ayant aucun égard aux ennuis de mon ame
S'en va porter ailleurs l'éclat de ses beaux yeux,
Et ses charmes s'en vont paroistre en d'autres lieux,
Enchainer d'autres cœurs, rauir d'autres personnes,
Et lui parer le chef de nouuelles couronnes;
Cependant je serai la bute des malheurs,
Et j'aurai dans le cœur douleurs dessus douleurs;
O parfaite Cloris épargne un peu mes larmes;
N'oste point à ces lieux leurs plus aimables charmes;
Las! que t'a fait Paris que tu le veux quitter?
Quel funeste sujet te porte à t'absenter?
Paris est plein de jeux, ce ne sont que delices,
Et l'Amour tous les jours reçoit des sacrifices;
Nos temples n'ont jamais esté plus embélis,
Cette grande Princesse, honneur des fleurs de lis
Qui doit unir deux Rois les plus grands de la terre
Dedans ce beau sejour tous les plaisirs enserre;
Pour elle tout le monde a l'allegresse au cœur;
Mars est chargé de fers, & l'Amour est vainqueur;
La noblesse applaudit à ce grand hymenée,
Et nous aurons bien-tost cette illustre journée
Où solemnellemant on le doit celebrer;
Nos diuers passetemps ne se pouront nombrer;

Le bal sera public, la nuit perdra ses voiles,
Et le Ciel à nos feux donnera ses étoiles ;
La bouche des Canons par un bruit nompareil
Quelque part éloignée ou luise le Soleil,
Publira cette feste, & que la foy promise
Allie étroittemant la Seine à la Tamise.
Il ne faut point douter qu'eloigné de tes yeux
Ie ne voye à regret la lumiere des Cieux ;
Si tu t'en vais d'ici l'allegresse publique
Ne m'empeschera pas d'estre melancolique ;
On me verra pleurer quand les autres riront ;
Alors tous mes plaisirs auec toi s'en iront ;
Mais helas qu'ai-je dit ? quoi parmi tant de joye
Pourra t'il arriuer qu'en tristesse on me voye ?
Ie ne ferai ce tort à la solennité,
Mais perdant tes beaux yeux je perdrai la clairté,
Et quand par ton depart tu me seras rauie
Sans doute au mesme jour je finirai ma vie.

ELEGIE XX.

LE bel art d'Apollon ne fut jamais commun ;
Ce Dieu ne donne pas ses thresors à chacun ;
Il s'en trouue bien peu dont l'ame soit saisie
De la diuine ardeur qui fait la poësie ;
Vn siecle est trop heureux d'en auoir deux ou trois
Qui puissent dignemant écrire pour les Rois :
On voit assez d'Auteurs ; on lit assez d'ouurages,
Et les forests en Iuin n'ont point tant de feuillages

Que de liures nouueaux se vendent tous les jours ;
Mais on rencontre peu de pertinans discours :
Ie connoi des rimeurs dont le foible courage
Met la bonté des vers seulemant au langage ;
La science pour eux se trouue sans appas,
Et veulent réprouuer ce qu'ils n'entendent pas :
Tous leurs écris ne sont que matieres friuoles
Ou la conception s'accommode aux paroles ;
Ils préferent toujours la rime à la raison,
Et leur impertinence est sans comparaison :
Pourvu que dãs leurs vers soiēt ces mots de merueille,
De charme, de beauté, d'Ange, de nompareille,
De Grace, d'adorable, & de diuinité,
Ces espris ignorans ont tant de vanité,
Et leur presomption si doucemant les trompe,
Que pour un petit liure enflé de vaine pompe
Ils croyent surpasser les trauaux glorieux
De tant d'hommes sçauans qui sont entre les Dieux:
Ils choisissent pour rendre une œuure magnifique
Le plus beau qu'un Orféure ait dedans sa boutique ;
La perle, & l'émeraude enrichissent leurs vers,
Qui sans ces ornemans ne vont que de trauers ;
Ils pensent puis après que pour ces beaux mélanges
On ne leur peut donner d'assez dignes loüanges,
Et blâment sans raison les œuures de Ronsard
Pour se faire paroistre excellans en son art.
Ie ne puis plus souffrir cette sotte ignorance,
Il me déplaist de voir méprifer la science

De tant de bons Auteurs dont les doctes écris
Rauissoient en leurs temps les plus rares espris;
Ces Poëtes fameux ne sont pas en estime
Pour auoir seulemant sçeu polir une rime,
Et sans les doctes vers que leur Muse a chanté
Ils n'auroient pas le don de l'immortalité :
Qu'on ne me blame pas si je les veux deffendre,
Et qu'étant ignorant j'ose bien l'entreprendre;
Si je ne suis sçauant j'aime ceux qui le sont;
Ie n'approuue jamais que les choses qu'ils font,
Et mon esprit facile à se laisser conduire
Ne se soumet qu'à ceux qui le peuuent instruire
Et non à ses rimeurs dont l'art est seulemant
D'écrire peu de chose auec de l'ornemant :
Mais insensiblemant je passe à la Satire;
S'ils sont impertinans il ne s'en faut que rire,
Et sans que j'en discourre auecque du mépris
Leur sottise paroist assez dans leurs écris.

ELEGIE XXI.

IE n'ai que trop parlé de l'Empire d'Amour;
Il faut que dans mes vers Mars paroisse à son tour;
Ie sens une chaleur qui porte mon courage
Au genereux dessein de quelque grand ouurage,
Et ne veut plus souffrir que j'étale en mes vers
Les beautez de Cloris aux yeux de l'Vniuers.
  O redoutable enfant qui de traits inuisibles
Fais dans les jeunes cœurs des playes si sensibles;

Puissant fils de Venus, ame des beaux esprits
Ne croy pas pour cela que je t'aye à mépris,
Et contre mes écris ne te mets en colere
Si je donne ta place au mignon de ta mere :
Quelque autre qui sera plus delicat que moi
Emploira son esprit à bien parler de toi,
Et par de plus beaux traits celebrant ta victoire
Fera voir ta puissance au comble de sa gloire :
J'ai de tout mon pouuoir honoré ta grandeur ;
Souffre que maintenant je suiue cette ardeur
Qui me porte à la guerre, & fait que je me pique
De paroistre assez fort pour un chant heroïque.
Soit que bien-tost mon Roi marchant comme un Lion
Vueille punir l'orgueil de la rebellion ;
Ou soit que pour rentrer au bien de ses ancestres
Il aille attaquer ceux qui s'en sont rendus maistres,
Et comme une tempeste il meine ses guerriers
Dans les champs d'Italie acquerir des lauriers ;
Parlant plus hautemant que je n'ai de coutume
A l'honneur de son nom je dédirai ma plume ;
Vn si digne sujet m'échauffera le cœur,
Et dès que sa vertu l'aura rendu vainqueur
Ie serai bien-heureux d'écrire ses conquestes ;
Apollon à déja mille couronnes prestes,
Pour ce jour desiré qu'entre ses fauoris
La France le verra triompher dans Paris.

   Toi qu'auec tant de soin j'ai si long temps seruie,
Merueilleuse beauté, delices de ma vie,

Si le nom de Cloris cesse d'estre en mes vers
Ne me regarde pas pour cela de trauers,
Ne laisse pas, mon cœur, de m'estre fauorable
Tandis que pour loüer ce Prince incomparable
Ie laisserai l'ouurage ou j'auois entrepris
De te faire paroistre au dessus de Cypris;
Encore quelque jour au sortir des allarmes
Ma Muse aura le soin de celebrer tes charmes,
Et sans craindre l'orgueil ni l'injure du sort
I'affranchirai ton nom, & le mien de la mort.

Fin du premier liure des Elegies.

A N. FRENICLE, CONSEILLER
du Roy en sa Cour des Monnoyes,

Que je t'estime heureux d'aimer ceste inhumaine
Qui se montre si fort rebelle à ton desir,
Ta constance te fait éprouuer du plaisir
Autant que sa beauté te fait souffrir de peine.

Sans elle les beaux vers qui coulent de ta veine
N'auroient jamais esté les fruits de ton loisir,
La fureur d'Apollon ne t'auroit pû saisir,
Et ton nom parmy seroit vn ombre vaine.

Ne t'aflige donc plus de ses cruels mépris,
Puis qu'ils sont le sujet de tes rares écris
Tu te dois efforcer d'en cherir la memoire :

Isis va seconder tes ardantes ferueurs :
Si ses plus fiers dédains te causent tant de gloire
Que n'esperes-tu point de ses douces faueurs?

G. COLLETET.

A LA BELLE ISIS.

Isis dont la beauté sur toute autre adorable,
Nous fait voir la Nature en ses plus grands efforts,
Si tu n'as rien d'égal aux graces de ton corps
Montre que ta douceur n'a rien de comparable.

C'est bien je le confesse vn crime irreparable,
De croire qu'vn subjet si beau par le dehors
Diminuant le prix de ses riches thresors
Ait ce defaut d'esprit que d'estre inexorable.

I'ay failly je l'aduouë, alors que dans mes vers
I'ay voulu faire voir aux yeux de l'vniuers
Que l'extréme rigueur est ton vice ordinaire.

Puis-que je m'en repens, ISIS pardonne moy ;
Tu ne nous sçaurois mieux témoigner le contraire
Qu'en pardonnant à ceux qui pechent contre toy.

G. COLLETET.

AV LECTEVR.
Sur le second Liure des Elegies de N. FRENICLE.

Toi qui veus lire cet ouurage,
Ne t'enqueste point davantage
Si le sujet en est joli,
Si le discours en est poli,
Ni moins si le vers, é la rime,
Ont merité qu'on les imprime :
Sache tant seulemant, Lecteur,
Qu'ils ont FRENICLE pour Auteur,
Pour sujet ISIS sa Fidelle ;
Et tu jugeras qu'en effet
Vn bel esprit pour une Belle
Ne produit rien que de parfait.

MAVDVIT.

AVX CRITIQVES.

Critiques vos discours n'ont point icy de lieu,
Ce liure de FRENICLE est le trauail d'vn Dieu,
L'vniuers n'en a point qui luy soit comparable,
Et des beautez d'ISIS y voyant le portrait,
Gardez bien de blâmer cet ouurage adorable,
C'est Amour qui l'a fait.

I. DE VILLENEVVE.

A LA BELLE ISIS.

Miracle de nos jours dont les charmes diuers
Des cœurs les plus glacez emportent la victoire,
Comme le seul AMINTE est digne de tes fers
Il n'appartient qu'à luy de nous peindre ta gloire.
  Vn plus riche crayon que celuy de ses vers
Ne nous pouuoit tracer son amoureuse histoire,
Et grauer ton beau nom qu'adore l'vniuers
Au plus superbe lieu du temple de memoire.
  ISIS qui le contraints de cherir son trépas,
Ne viens plus desormais consulter tes appas
Dans le crystal brillant d'vne glace fidelle,
  Car en quelque miroir que tu te puisses voir,
Tu ne paroistras point si parfaite, & si belle
Que dedans le tableau que tu vas reçeuoir.

GODEAV.

LE SECOND LIVRE DES ELEGIES DE N. FRENICLE.

ELEGIE I.

Lvmiere des espris, ennemi de paresse;
Eternel compagnon de la verte jeunesse;
Incomparable Amour mõ maistre, & mon vainqueur
Qui sous un nouueau joug asseruissez mon cœur,
Puis qu'il faut pour vous suiure abandõner l'ouurage
Où le Dieu de la guerre animoit mon courage,
Inspirez maintenant vos douceurs dans mes vers
Pour le plus beau sujet qui soit en l'uniuers;
La nompareille ISIS, honneur de votre Empire
Est la belle conqueste où maintenant j'aspire;
C'est elle qui me plaist; c'est elle seulemant
Qui me peut faire auoir la qualité d'Amant;
C'est sa beauté que j'aime, & c'est aussi pour elle
Que je cherche en mes vers une gloire immortelle:
Ie veux qu'en mes écris comme dans un tableau;
On contemple à jamais un chef-d'œuure si beau;
Que la posterité conserue la mémoire
Que la Déesse ISIS eut sur moi la victoire
Du régne de LOVIS monarque égal aux Dieux,
Sage, aimant la vertu, toujours victorieux,

Z

Pere de ses sujets, plain d'une pompe auguste,
Et qu'à bon droit la France a surnommé le IVSTE.
　Vous abisme des ans, immense Eternité
Souffrez que je consacre à votre Deité
Cette belle entreprise, à fin que mon ouurage
A l'empire du Temps ne fasse point hommage:
Si mes vœux sont oüis, & que ces Demi-dieux
Qui par leurs actions ont le front dans les Cieux,
Approuuent mon trauail, & que l'Europe estime
Auecque mon ardeur la douceur de ma rime,
Enflé d'un bel espoir hardimant je promets
A ces vers amoureux de ne perir jamais.

ELEGIE II.

Amour, Tyran des ames genereuses,
　Que ton Empire a des lois rigoureuses!
Et que ta main nous traitte insolemmant!
Plus je te sers, & plus j'ay de tourmant,
Autant qu'au Ciel on voit d'astres reluire,
Et que sur Mer on oit de vagues bruire
Quand l'Aquilon, effroi des matelots
Fait éleuer des montagnes de flots;
Autant qu'en May l'on voit d'herbes fleuries
Le long des eaux, & dedans les prairies;
Autant encor que l'Automne a de fruits,
Autant, Amour, tu me donnes d'ennuis.
　Ie suis fidelle, & j'aime la constance,
Ie ne te faits aucune resistance,

DES ELEGIES.

Et toutefois ton courage endurci
Ne laisse pas d'augmenter mon souci;
Soit jour ou nuit ton rigoureux empire
Me fait souffrir un extrême martire;
Ces beaux yeux noirs dont Isis m'a charmé,
Et sans lesquels tu serois desarmé;
Son poil châtain, les traits de son visage,
Son sein, sa gorge, & son mignard langage,
Sources des feux qui consument mon cœur,
Contre leur gré nourrissent ma langueur;
Rien n'est égal aux douceurs de leurs charmes;
Mais toi qui veux éterniser mes larmes,
Quand pour me perdre un sort injurieux
A dérobé ma Maitresse à mes yeux,
Tu me fais voir ces merueilles diuines
Comme des fleurs au milieu des épines;
Sa vaine image est toujours deuant moi;
Soit que je sois au Palais de mon Roi,
Soit dans l'Eglise, ou soit qu'aux bords de Seine
A la fraicheur le soir je me promeine:
Cela ne fait qu'augmenter mes desirs;
I'ai de la peine au milieu des plaisirs;
N'ayant ainsi ma Maitresse qu'en songe
Vn triste ennui secretemant me ronge;
I'ai des tourmans pires que le trépas;
Les passe-temps pour moi n'ont point d'apas,
Et mon ardeur a tant de violence
Qu'absent d'Isis je meurs d'impatience.

Cruel Amour, peste des cœurs humains,
C'est seulemant de toi que je me plains;
Cette beauté ne m'est point rigoureuse;
Quand je la voi ma fortune est heureuse;
Rien n'est égal à ma felicité;
Plus que deuant mon cœur est agité,
De passion, & d'aise je me pâme;
Toute dans moi je sans mouuoir mon ame,
Et je ne puis en ce rauissemant
Presque parler de mon contentemant.
 Telle autrefois la Sibile Cumée
Apparoissoit d'Apollon animée,
Quand toute émeuë, & d'un œil furieux
Elle anançoit la volonté des Dieux;
Mais il est vrai que ma belle Déesse
Ne m'émeut pas auec tant de rudesse
Que la Sibile en son antre l'étoit
Dessous l'effort du Dieu qu'elle sentoit,
Et je n'ai point ces mouuemans de rage
Qui pleins d'horreur maitrisoient son courage;
Mais tant s'en faut je reçoi des faueurs;
Mon ame flotte entre mille douleurs;
Tout ce que Cypre, Amathonte, & Cytheres
Ont de plus dous en leurs deuots misteres,
N'égale pas la moindre volupté
Que je reçoi de voir cette beauté:
Helas aussi quand je perds sa presence,
Ce que je souffre a tant de violence

Que la raison a beau faire un effort
Dans ce malheur je me tiens comme mort ;
Le mal jamais ne me donne de tréue ;
L'un recommence alors que l'autre achéue :
O fier Amour, furieux, & j'alous
J'apperçoi bien d'où prouient ton courous ;
Cette beauté qui me tient en seruage
Comme le mien captiue ton courage ;
Au lieu de maistre on te voit seruiteur,
Et le tourmant tombe sur son Auteur ;
Le bien que j'ai trouble ta fantaisie ;
Déja l'assaut d'une aspre jalousie
T'eust fait mourir, si la rigueur du sort
Auoit soumis tes pareils à la mort.
Vange, ô Tyran, ton insigne misere,
Et dessus moi décharge ta colere ;
Ajoûte encor en redoublant mes fers
De nouueaux maux à ceux que j'ai souffers ;
Rends si tu peux ma Maitresse inhumaine,
Et comble moi des effets de ta haine ;
Quoi toutefois que fasse ta rigueur
Toujours ISIS possedera mon cœur.

A GVIL. COLLETET.
ELEGIE III.

Que c'est un grand tourmãt que celui de l'Amour !
Il m'agitoit l'esprit tant que duroit le jour,

Et la nuit qui deuoit charmer sa violance
Pour cela seulemant se trouuoit sans puissance:
COLLETET j'étois prest à me desesperer,
Et déja résolu de ne plus endurer
J'allois les yeux bandez au plus creux de la Seine
Eteindre auec ma vie, & mes feux, & ma peine,
Quand la troupe des sœurs que je sers comme toi
Vint à pas mesurés parestre deuant moi,
Me promit de donner du secours à mon ame,
Rendre l'Amour traitable, & moderer sa flame :
Mais quelle guerison ? pour un feu que j'auois
Ie me sentis brûlé de deux tout à la fois ;
Vne chaleur d'esprit éleua mon courage ;
Alors je commençai de tracer un ouurage
Pour mettre mon ISIS au rang des Immortels ;
Mes vers en son honneur ont dressé mille autels
Où les Amans verront jusqu'à la fin du monde
Qu'elle fut ici bas à nulle autre seconde :
Par tout dedans les champs j'ai graué mon amour,
Et tu verras bien-tost mes Eglogues au jour
Où j'ai parlé si haut de ma belle Déesse
Que chacun desormais la voudra pour Maitresse.
Depuis mon mal se rend plus facile à souffrir,
Selon que les sujets à moi viennent s'offrir,
J'écris mes passions, & mon cœur se déliure
D'autant de ses douleurs que j'en charge mon liure.
 Tandis qu'entretenant la belle humeur d'ISIS
Ie dirai ses beautez par des mots bien choisis,

Toi ministre des Dieux, grand fauori des Muses,
Ami sans te peiner à chercher des excuses
Au lieu de moi rends grace à ces neuf belles sœurs
Du soin qu'elles ont pris d'appaiser mes douleurs ;
Je jure par les yeux de la Belle que j'aime
De n'oublier jamais cette faueur extrême,
Et je prirai l'Amour qu'entre les Amoureux
Tu parêsses toujours au rang des plus heureux.

A LA BELLE ISIS.
ELEGIE IIII.

Comme les mariniers après un grand orage
Voyant la Mer tranquile, & le Ciel sans nuage,
Et que selon leurs vœux le dous branle de l'eau,
Et le souffle du vent font voguer leur vaisseau,
Ne pensent plus courir de mauuaise fortune,
Et mettent fin aux vœux qu'ils faisoient à Neptune,
Encore toutefois qu'il arriue souuant
Que l'onde puis après s'émeut plus que deuant,
Et que plaine d'éclairs une horrible tempeste
Gronde dedans la nüe, & menace leur teste :
Je croyois estre au bout de mes longues douleurs,
Et les ris succedoient à la place des pleurs ;
Votre douceur m'ôtoit toute raison de craindre ;
Je n'apperceuois rien dont je me pusse plaindre,
Et votre bon accueil égal à mes desirs
Auoit raui mon ame entre mille plaisirs :

Mais que le bien du monde est de peu de durée !
L'extrême affliction que j'auois endurée
A peine auoit pris fin qu'un accident nouueau
A mis entieremant mes plaisirs au tombeau.
Beauté que mille fois j'aime plus que moi-mesme,
Que mon cœur fut atteint d'une douleur extrême,
Quand j'apris que bien tost sans espoir de retour
Vous abandonneriez pour jamais ce sejour !
Le souuerain arrest d'une mort effroyable
Ne met pas plus de trouble en l'ame d'un coupable,
Que j'eus à ce recit qui m'a causé depuis
Sans auoir de relâche un milion d'ennuis :
Madame seulemant ce souuenir me tuë,
Ma raison s'affoiblit, mon ame est abatuë,
Ce funeste accident trouble mon jugemant,
Ie suis comme un rocher priué de sentimant,
Et si le feu d'Amour n'entretenoit ma vie
La rigueur du Destin l'auroit deja rauie ;
Commant pourrai-je viure éloigné de vos yeux
Alors que pour jamais vous quiterez ces lieux,
Puisqu'il s'en faut, mon cœur, biē peu que je ne meure
Quand seulemant ici vous changez de demeure ?
Après votre entretien rien ne me semble dous ;
Ie ne desire rien que d'estre auprès de vous,
Et si tost qu'il auient que je vous perds de veuë
De force, & de plaisir mon ame est dépourueuë :
Quelle raison vous porte à sortir de Paris,
Et laisser tant d'objets que vous auez cheris ?

Quelle

Quelle felicité se trouue sus la terre
Que ce pompeux sejour dedans ses murs n'enserre?
Et dedans l'uniuers est-il quelque Cité
Qui ne lui cede pas le prix de la beauté?
Vn Amant de si loin aura-t'il la puissance
De vous faire quitter le dous air de la France?
Encore s'il étoit de la troupe des Dieux,
Son heureuse conqueste auroit moins d'enuieux;
Cela diminuroit de beaucoup notre honte;
Mais je ne puis souffrir qu'un homme nous surmonte;
Tant de monde à Paris vous adresse ses vœux;
Vous liez tant de cœurs dedans vos beaux cheueux;
Et moi je vous adore auecque tant de Zele,
Et vous m'auez toujours reconnu si fidelle:
Reine de mes desirs nous voulez-vous laisser?
Alors que votre mere ira vous embrasser
Pour la derniere fois toute moite de larmes,
Pensez-vous resister à toutes les alarmes
Que le bon naturel vous fera resentir?
Helas pourrez vous bien vous resoudre à partir,
Et laisser sans confort votre pere en tristesse,
Et parmi les ennuis qu'ameine la vieillesse?
Vous ne le pouuez faire auecque la raison
Pour suiure un étranger jusque dans sa maison,
Qui peut-estre est trompeur, infidelle, & volage,
Et dans sa passion n'a rien que du langage;
Quel bruit entendrez-vous de ceux qu'il a trahis?
A peine connoist-on ceux qui sont du païs,

Et si mesme un voisin vous peut cacher sa vie,
Ce beau fils dont l'éclat vous a déja ravie
Ne cachera t'il pas avec facilité
Et sa mauuaise humeur, & sa déloyauté?

 Race de Iupiter, fille d'un Roi de Crete,
Belle Ariadne ainsi ton amour indiscrete
Te fit suiure autrefois un perfide étranger
De qui tu fus laissée au milieu du danger
Dans une isle deserte en proye à la misere
Auecque le regret d'auoir quité ton pere.

 Madame soyez sage à l'exemple d'autrui,
Bien qu'on ne dise pas le semblable de lui,
Toutefois croyez-moi, fuyez son alliance,
Et qu'un autre que vous en fasse experiance;
Si c'est que vous voulez que je viue en tourmant,
Ma belle rigoureuse ordonnez seulemant
A quels maux il vous plaist que je me donne en proye;
Le plus cuisant ennui me tiendra lieu de joye
Si pour l'amour de vous il le faut endurer;
On ne m'entendra point contre vous murmurer;
Ie ferai bien heureux si ma douleur extrême
Vous peut faire connoistre à quel point je vous aime,
Et témoignant ainsi ma parfaite amitié
Peut-estre qu'à la fin je vous ferai pitié;
Mais ne vous perdez pas afin que je perisse;
Ie ne refuse pas le plus cruel supplice,
Pourvu que loin des maux où vous m'aurez jetté
Cependant vous viuiez dans la prosperité.

A I. CESAR DE VILLENEVVE.
ELEGIE V.

AMi que le malheur à d'empire sur moi,
La celeste beauté qui m'impose la loi
S'étoit déja renduë à mon amour extrême;
Son cœur m'alloit aimer autant comme je l'aime,
Mais l'indiscretion où je me suis porté
A détourné le cours de ma felicité;
I'ai perdu ma fortune à nulle autre seconde;
La gloire que j'auois d'aimer le mieux au monde
Ce semble maintenant ne peut m'appartenir;
O plaisirs on vous voit incontinant finir;
Notre prosperité n'est jamais asseurée,
Et la seule misere a beaucoup de durée:
Il est vrai qu'ayant fait un peché d'Amoureux
I'ai rendu mon esprit indigne d'estre heureux;
Le sort m'a fait commettre un si grand sacrilege
Que je craind's que l'Amour n'ait pas le priuilege
De faire qu'on pardonne à ma legereté,
Bien qu'Isis ne soit moindre en douceur qu'en beauté:
Sans égard des faueurs que j'auois receu d'elle
Ma bouche a bien osé preferer ISABELLE
A son rare merite à qui rien n'est égal;
C'est de là, cher Ami, que procede mon mal;
Cette belle a juré d'en prendre la vangeance,
Et d'un juste mépris punir mon arrogance;

Mais, grace à Iupiter, les Amans courroucez
De leurs plus grands sermans sont toujours dispensez;
Cela n'oblige pas ma belle rigoureuse
A troubler le repos de mon ame amoureuse,
Et les Dieux immortels ne se fâcheront pas
Que ses douces faueurs m'exentent du trépas
Qu'elle me veut donner pour punir mon offence;
Helas je parlois bien contre ma conscience
Quand j'abaissois le pris de ce qui m'est si cher;
Ie ne cru pas aussi qu'elle s'en dust fâcher;
Cette jeune beauté pouuoit-elle bien croire
Que je parlasse ainsi pour amoindrir sa gloire?
Moi qui brûle pour elle auecque tant d'ardeur
Que mon amour n'a rien d'égal à sa grandeur :
Chacun connoissoit bien que ce n'étoit que feinte;
La véritable amour s'accompagne de crainte;
Les Amans plus rusez d'un art laborieux
Sauent cacher leur flame aux esprits curieux,
Et de Madame ainsi faisant si peu de conte
Ie pensois bien celer que son œil me surmonte;
Mais souuent le Destin fait que nos actions
Ont une fin contraire à nos intentions.

Vous qui pouuez parler de ma peine incroyable
Ami dans ce malheur soyez moi secourable,
Et ne permettez pas qu'auec tant de fureur
Madame plus long temps viue dans son erreur;
Que son diuin esprit sçache mon innocence;
Contez lui mon amour, & prenez ma deffence;

Ainsi que la beauté qui régne dessus vous
Ne vous fasse éprouuer ni rigueur ni courous,
Et que vos beaux écris d'éternelle mémoire
Bien tost dessus son cœur obtiennent la victoire.

A MONSIEVR LE MARQVIS DE BREVAL.

ELEGIE VI.

Vses, toute ma joye, & mon plus cher souci,
Quittez les bords de Seine, & volez à Nanci,
Que par vous de BREVAL sçache de mes nouuelles;
Ne craignez son abord, ô diuines Pucelles;
Vn si diuin Esprit vous fera bon accueil;
Dites que loin de lui vous ne viuez qu'en dueil,
Que ce sont ses beaux vers qui grauent votre gloire
Dans les superbes murs du temple de Memoire,
Et que vous n'auez pu demeurer à Paris
N'y voyant point l'honneur de tous vos fauoris.
S'il veut sauoir de vous quel est mon exercice,
Apprenez-lui qu'Amour m'engage à son seruice;
Que des apas d'ISIS mon cœur est enchanté;
Que je beni les fers de ma captiuité;
Que je suis tout le jour auprès de cette belle
Pour découurir les feux dont je brûle pour elle,
Et que n'ayant sur moi ni force ni pouuoir
J'ai tous les mouuemans qu'un Amant peut auoir:

Déesses n'ayez peur qu'il me donne du blâme
Quand il sçaura qu'Isis assujettit mon ame;
Cet Esprit tout de feu, subtil, & genereux
Estimant à bon droit le beau nom d'Amoureux,
A cent fois éprouué comme un noble courage
Ne peut estre insensible auprès d'un beau visage;
Il reuere le Dieu qui possede mon cœur,
Et de mesme que moi le connoist pour vainqueur.
 Marquis étant assis dessus notre riuage
Aux neuf sœurs d'Apollon je tenois ce langage;
Elles sauterent d'aise, & sans deliberer
A l'instant je les vi de moi se separer:
Ie me trouue depuis accablé de tristesse;
On me voit sans parole auprès de ma Maitresse;
A peine ai-je pouuoir de composer six vers;
Mon esprit a suiui les Vierges que tu sers
Pour saluer aussi ton suprême Genie,
Et la peine où je suis ne sera point finie
Que lors que reuenant en ton premier sejour
Tu feras voir ici les Muses de retour.

POVR LE BANQVET D'APOLLON ET DES MVSES.
ELEGIE VII.

ILlustres fauoris d'Apollon, & des Muses,
En qui ces Deitez ont leurs graces infuses,
Que le desir de gloire, & d'immortalité
Qui vous fait mépriser la vaine volupté,

Et vous tient enfermez dedans la solitude,
Pour estre entieremant adonnez à l'étude,
Vous laisse pour un temps sortir de vos deserts;
Donnez quelque relâche à vos doctes concerts,
Et venez à l'ébat où le fils de Semele
Pour réjouir vos sens maintenant vous apele.
  Soit que notre trauail dure eternellemant,
Ou ne doiue après nous demeurer qu'un momant,
Laissons au soin des Dieux toute cette auanture,
Et ne songeons pas tant à la race future
Qui souuerainemant jugera les écris,
Que le present aussi ne touche nos espris;
De crainte qu'Apollon en ses douces merueilles,
Ne vous nuise à la fin par de trop longues veilles,
Prenez quelque repos aux douceurs d'un festin;
Beuuons depuis ce soir jusqu'à demain matin;
Que tout soit en l'honneur de ces neuf belles Fées
Par qui vos ames sont saintemant échaufées;
Amis il leur faut faire hommage de nos vers,
Que leur bruit nompareil remplisse l'uniuers;
Rebeuuant par neuf fois entonnons leurs loüanges.
Faisons voler leur gloire aux terres plus étranges,
Et que notre Apollon soit contraint d'auoüer
Qu'on n'a jamais sçeu l'art de si bien le loüer:
Que la terre n'ait rien d'égal à notre joye;
Qu'on deuide nos jours à fils d'or, & de soye;
Que les Ieux, & les Ris, les Graces, & l'Amour
Soient près de notre table, & dancent à l'entour,

Et pour le bien public faisons creuer l'Enule
Au recit qu'on fera de notre douce vie.

 Vous ô Dieu des Beuueurs ne vous éloignez pas;
Soyez toujours present durant notre repas,
Et mandez maintenant au bon vieillard Silene
Qu'il quitte pour nous voir le terroir de Surene;
Dißipez les ennuis que me donne l'Amour;
Que Madame paroiße exorable à ce jour,
Ou que votre faueur de ses fers me retire,
Et dispence mon cœur des lois de son Empire.

 O troupe que la Muse aime parfaitemant,
Esprits qui de ce siecle estes tout l'ornemant,
Amis ne tardez plus ; déja la nappe est mise;
Cette solennité ne veut point de remise;
Alphonse a mis par tout la derniere façon;
La bouteille s'ennuye auprès de l'échanson;
Que chacun maintenant arme sa main d'un verre:
Déclarons aux soucis une mortelle guerre,
Et beuuant à longs traits d'un vin délicieux
Cherchons tous les moyens d'estre victorieux.

 Quiconque trop retif à si belle conqueste
Au milieu des perils n'exposera sa teste,
Qu'il ait à ses desseins un succez malheureux,
Et si quelques beaux yeux le rendent amoureux,
Qu'au lieu de receuoir le prix de ses seruices
Il soit toujours réduit à d'extrêmes supplices;
Qu'il deuienne jaloux, furieux, insensé,
Tandis que son riual doucemant caressé
         Embraßera

Embraſſera ſa Dame, & ſaiſi d'alegreſſe
Ioüira des plaiſirs que cherche la jeuneſſe.
 De moi ſans me laſſer en de ſi dous combas
Ie veux boire cent fois durant notre repas;
Auſſi, mon cher ſouci, merueille incomparable,
Belle Isis *dont la grace eſt vraimant adorable*
I'eſpere que bien-toſt malgré les enuieux
Vos aimables faueurs m'égaleront aux Dieux.

RE'PONSE POVR MELIS,
A LA BELLE ISIS.
ELEGIE VIII.

Q*V'*Aminte *ſoit trompeur, je ne le croirai pas;*
Certes ma belle Isis *vous auez trop d'apas*
Pour auoir un Amant qui deuienne infidelle;
Où pourroit-il ailleurs en trouuer de plus belle?
Vous eſtes ſon eſpoir, & toutes ſes amours,
Et je croi que ſon cœur répond à ſes diſcours:
S'il eſt un impoſteur, vous auez la puiſſance
De vanger cette injure, & punir ſon offance;
Il ne faut qu'un mépris pour le faire mourir;
Mais commant à t'il pu votre haine encourir?
Qu'auez vous fait pour lui, qu'il n'ait fait dauantage?
Ie ſçai qu'il n'aime rien que votre beau viſage,
Et je ne puis trouuer qui vous met en courous
Si peut-eſtre ce n'eſt qu'il aime mieux que vous,
Et que trop amoureux il vous rauit la gloire
D'auoir pour bien aimer deſſus tous la victoire

Comme vous emportez le pris de la beauté;
Vous ne pouuez douter de sa fidelité,
Et si vous desirez que MELIS vous conseille,
Brûlez ma chere ISIS d'une flame pareille,
Et mesme, s'il ce peut, par votre affection
Tâchez de surpasser sa forte passion.

ELEGIE IX.

Tout est desesperé; le dernier de mes jours
   Si vous ne reuenez va commencer son cours;
ISIS je ne puis viure, & n'auoir pas la veuë
Des charmes nompareils dont vous estes pourueuë,
Et la mesme rigueur de cet injuste sort
Qui vous a fait partir me va donner la mort.
Il n'est rien de si grand que mon cruel martire;
Mon mal est sans relâche, & toujours deuient pire;
Iphis qui se pendit pour ne plus endurer
N'eut pas tant de sujet de se desesperer;
Sa forte passion lui donnoit moins d'allarmes;
Celle aussi qu'il aimoit n'auoit pas tant de charmes
Que votre beau visage en découure à mes yeux;
Mes maux passent les vœux de tous mes enuieux;
Ie suis triste, & pensif; je m'éloigne du monde;
Rien ne me semble beau dans les soins dont j'abonde;
Toutefois on se rit de me voir langoureux,
Et pour tout réconfort on m'apelle Amoureux.
S'il auient quelquefois pour diuertir ma peine
Que j'aille promener sur les riues de Seine,

Ie n'y remarque plus les beautez qu'autrefois
I'ai cru pouuoir suffire aux delices des Rois;
Aussi, ma chere vie, il est assez croyable
Que c'est vous qui rendiez leur verdure agréable:
Ses Nimphes qui souuent témoins de mes plaisirs
Ont vu de vos refus triompher mes desirs,
Quand l'incroyable ardeur de mon amour extrême
Vous arrachoit, ces mots, AMINTE je vous aime;
Quand vous retournerez témoigneront aussi
Combien votre depart m'a causé de souci:
Déja mon beau Soleil deux nuits se sont passées
Depuis que vos beautez pour moi sont éclipsées;
Mais que di-je deux nuits? une nuit seulemant
A fait naistre pour moi les feux du firmamant.
I'ai sans cesse les yeux dessus votre fenestre;
Mais, ô sort rigoureux, je n'i voi rien parestre
Qu'un témoignage seur du bien que j'ai perdu;
Ici votre retour est de tous attendu;
Pour moi je le souhaitte auec impatience,
Ie ne puis plus souffrir l'ennui de votre absence;
Reuenez mon bel Ange, & ne permettez pas
Que votre éloignemant me donne le trépas.

ELEGIE X.

Amais ne doi-je voir la fin *de* mon martire?
Vous auez sur ma vie un souuerain empire;
Toutefois belle Isis vous feignez l'ignorer
A dessein seulemant de me desesperer:

Bb ij

Pouuez vous bien douter de mon amour extrême?
Ah mon cœur croyez vous que c'est MELIS que j'aime?
Et que tant de sermans qui pouroient obliger
A la fidelité l'esprit le plus leger,
Se perdent dedans l'air ainsi qu'une fumée?
Que ce soit fiction que je vous aye aimée?
Et que mes beaux soleils, vos yeux qui sont si doux
Ne soient plus maintenāt bien certains de leurs coups?
Ne faites pas ce tort à vos aimables charmes;
Ma belle on ne peut pas resister à vos armes;
Helas si vos attraits surprennent tant de cœurs
Dōt vous ne croyez pas qu'ils demeurent vainqueurs,
Que ne faites vous point quand vous auez enuie
Que quelque liberté soit par vous asseruie?
Ie vous aime, madame, auecque tant d'ardeur
Qu'il est vrai que la terre en toute sa rondeur
Ne soutient point d'Amant qui me soit comparable;
Votre seule beauté me semble desirable;
Les autres vainemant taschent de me charmer;
Ie n'y remarque rien qui puisse faire aimer:
O Dieux qui punissez la fraude, & le parjure,
Si l'équité vous plaist, qu'aucun de vous n'endure
Que je jouisse encor de la clairté du jour
Après que pour ISIS j'aurai manqué d'amour.

A B. FRENICLE.
ELEGIE XI.

MI-nuit sonne par tout; les vitres sans clairtez
Montrent que de chacun les soins sont enchâtez,
Sinon de quelque Amant qui songe à son martire,
Et moi comblé d'ennui je me mets à t'écrire:
Si ce papier fait voir les marques de mes pleurs,
Tu jugeras par là quelles sont mes douleurs;
Apprends, mon cher Cadet, un mot de ma disgrace,
Et que je souffre un mal qui de beaucoup surpasse
Tous ceux que les Amans ont jamais suportez;
Isis a des rigueurs autant que de beautez;
Ces astres de mes jours, ses beaux yeux que j'adore
Ne me regardent plus, ou s'ils le font encore
C'est afin seulemant d'accroistre mon tourmant;
Sa bouche qui jadis parloit si doucemant,
En m'apelant son cœur, ses delices, sa vie
Quand nul ne me voyoit sans me porter enuie,
Ne me prononce plus que des arrests de mort:
La misere où je suis n'a point de réconfort;
Il faut que je perisse en ce malheur extrême,
Ie me trouue réduit à me haïr moi-mesme;
Ie n'ai garde d'aimer ce qu'Isis n'aime pas;
A suiure ses desirs je trouue des apas;
Sa seule volonté sert de régle à la mienne;
Quelque peine que j'aye, & quoi que je deuienne

Le Ciel m'en est témoin, j'ai juré de mourir
Deuant que l'on pust voir ma passion perir.
 Mon frere garde bien que l'Amour ne t'atrape;
Il est bien mal-aisé qu'un jeune homme s'échape
Des apas enchanteurs d'une rare beauté
Qui s'opposent sans cesse à notre liberté;
Que plûtost la Bourgongne auec de l'alegresse
Te fournisse de vin, que non pas de Maitresse;
Dedans ce beau païs boi tout le long du jour,
Et sage à mes dépens fuïs toujours l'Amour.

A L. MAVDVIT.
ELEGIE XII.

Les belles m'ont donné mille peines diuerses;
I'ai dans mes passions trouué mille trauerses;
Quelquesfois on m'a vu pour des filles brûler
A qui je n'auois pas le moyen de parler;
I'ai cheri des beautez qui ne fésoient que rire
De me voir endurer pour elles du martire;
I'ai passé bien des nuits à méditer commant
Madame connoîtroit l'excez de mon tourmant;
D'autres m'ont abusé d'une fausse esperance;
De cent sortes d'ennuis j'ai fait experiance,
Et pensois bien sauoir ce que c'est que l'Amour
Depuis un si long temps que je lui fais la cour;
Mais je me suis trompé; l'Amour est un Protée;
Sa nature jamais ne se trouue arrestée;

Il change à tous momans, & l'on ne peut sauoir
Au vrai son naturel, & quel est son pouuoir:
Ie souffre maintenant une peine nouuelle;
Vous MAVDVIT qui seruez la diuine ISABELLE,
Et d'un zele aussi grand que le sujet est beau
E'prouuez tous les jours quelque tourmant nouueau;
Ouïstes vous jamais une chose pareille?
Vous sauez que j'adore une jeune merueille
Auprès de qui je suis traité si doucemant
Qu'il n'est point à Paris de plus heureux Amant;
On n'a jamais brulé d'une si belle flame;
Ie possede son cœur; je suis toute son ame,
Et la belle craignant que je cesse d'aimer
Cherche tous les moyens qui peuuent m'enflamer;
Cher Ami toutefois il faut que je soupire,
Et parle desormais contre un si dous empire;
Ie souffre cent douleurs quand mesme je la voi;
Ie suis tout agité dès qu'elle parle à moi;
Mon jugemant s'égare, & sans pouuoir répondre
Ie sens en béguayant ma langue se confondre;
Sans cesse mon esprit se trouue inquieté;
Depuis que ses beaux yeux prirent ma liberté
I'endure sans relasche une peine cruelle;
Ie ne puis toutefois en accuser ma belle:
MAVDVIT si vous sauez d'où cela peut venir,
Vous me ferez plaisir de m'en entretenir;
Ie pourai bien plûtost y donner du remede
Quand au vrai je sçaurai d'où ma peine procede;

Ainsi que votre Nimphe après beaucoup d'ennuis
Vous donne de l'Amour & les fleurs, & les fruits.

ELEGIE XIII.

Mes yeux versez des pleurs; retirez vous plaisirs:
Celle dont les apas bornent tous mes desirs
Me quitte à ce qu'on dit, ô Dieux quelle nouuelle!
Ie mourrai de douleur s'il faut que cette belle
Reçoiue dans ses bras un autre fauori
Dont l'orgueil abusant du pouuoir de mari
Voudra s'assujettir sa beauté sans seconde
Qui pourroit captiuer tout le reste du monde;
Il voudra commander à celle que je sers;
A son aise il rira des maux que j'ai souffers;
Belle Isis, mon souci, ma Reine, & ma Déesse,
Ces nopces t'ôteront le beau nom de Maitresse,
Et cet homme inconnu qui fera vanité
De gangner en deux jours une telle beauté,
Deuant que de seruir aura la récompance,
Et son affection suiura la joüissance:
Cepandant ton Aminte abandonné de toi
Iusqu'au dernier soupir ayant gardé sa foi
Mourra de déplaisir, & la Mort plus humaine
Que n'est la belle Isis terminera sa peine;
Pense à cela mon cœur, il est encore temps;
Vn fauorable Non nous peut rendre contens;
Rejette ce mignon; témoigne ton courage;
Que ton esprit soit ferme, & ne fais point d'outrage

Aux belles passions dont tu brûles mon cœur;
Le déplaisir encor ne s'est fait mon vainqueur;
Ie vi pour te servir; mais las! ô ma belle ame,
Si sans aucun secours tu laisses-là ma flame
Ie serai consumé de cet ambrasemant,
Et tu verras mourir ton plus fidelle Amant.
Mais qu'est-ce que je sens? & quel nouueau martire
M'empesche maintenant de parler, & décrire?
ISIS il me faut taire, & desormais mes yeux
Coupables de mon mal te le diront bien mieux.

ELEGIE XIV.

Belle il faut se resoudre, & desormais choisir
Ce qui sera le plus selon votre desir;
Voyez si vous voulez que votre AMINTE *cede,*
Et qu'un nouueau venu desormais vous possede,
Toutefois belle ISIS *quoi qui puisse auenir*
Vous serez à jamais dedans mon souuenir;
Ie fais vœu de mourir auec la mesme flame
Que vos yeux mes vainqueurs mirēt dedās mon ame,
Quand desireux de voir votre rare beauté
Ie vi d'un seul regard rauir ma liberté.
Mais las! sans y penser ai-je fait quelque offence
Qui merite la mort au lieu de recompence?
Pourquoi celeste ISIS *me voulez vous priuer*
De l'unique bon-heur qui me peut arriuer?
Ai-je manqué, mon cœur, à vous estre fidelle?
N'ai-je pas souhaité de vous voir toujours belle?

Et que le cours des ans à tout injurieux
N'amoindrist jamais rien de l'éclat de vos yeux ?
Votre nouuel Amant vous plaist-il dauentage ?
J'ai remarqué sur lui chaque trait de visage,
Ie connois son esprit, & pour ne point mentir
Vous ne pouuez l'aimer sans vous en repentir :
Quoi doncques ? les grands biës auröt-ils la victoire ?
Ha que l'ambition ne soüille pas la gloire
Que par votre beauté vous pouuez acquerir ;
Madame les grands biens sont sujets à perir ;
Au seul contentemant consiste la richesse ;
Que l'espoir d'un tresor ne vous plonge en tristesse ;
Peut-estre ce beau fils, puissant en reuenus,
Se trouue mal-habile au métier de Venus,
Ne sçait pas comme il faut flatter une Maitresse,
Appaiser ses ennuis d'une douce caresse ;
Complaire à ses humeurs, & trouuer chaque jour
Quelque nouueau sujet d'augmenter son amour :
Il sera défiant, & prendra de l'ombrage
Si tost qu'on parlera de votre beau visage :
De moi je suis sauant en l'art de bien aimer ;
Ie me fie aux beautez qui peuuent m'enflamer,
Et comme j'aime bien, ie pense que de mesme,
Ma Maitresse pour moi brûle d'amour extrême ;
Mon esprit est constant, & pour un petit bruit
Ie ne perdrai jamais le repos de la nuit ;
Au lieu de quereler, & plain de fantaisies
Témoigner sans raison de sottes jalousies,

Je m'aprocherois d'elle auecque tant d'apas
Qu'un autre puis après ne la charmeroit pas,
Et quand mesme à pécher elle seroit portée
Elle en perdroit l'enuie étant si bien traitée.

 O redoutable Amour mon superbe vainqueur
Qui connois clairemant les desirs de mon cœur,
Et comme en adorant la plus belle du monde
Je brûle d'une ardeur à nulle autre seconde;
Sois propice à mes vœux, donne moi du suport,
Et faisant contre ISIS ton plus puissant effort
Blesse si bien son cœur que viuemant atteinte
Elle vueille mourir, ou posseder AMINTE.
Ainsi que ta grandeur puisse toujours fleurir;
Que jamais de tes coups on ne vueille guerir,
Et qu'enfin succombant à l'effort de tes charmes
Les plus victorieux t'abandonnent les armes.

ELEGIE XV.

N'En doutons plus, moi-mesme je l'ai veüe
Cette beauté de cent graces pourueuë
S'abandonner aux yeux d'un autre Amant;
Rien ne peut plus égaler mon tourmant;
Je meurs d'ennui, de rage, & de tristesse
Que ce beau fils la nomme sa Maitresse;
Ha belle Nimphe auez vous arresté
Qu'auprès de vous je serai mal traité?
Pourrai-je bien vous nommer infidelle,
Mésestimer une chose si belle,

Et croire en fin que la legereté
Est en la femme une proprieté?
Non sans mentir ; ce seroit faire un crime;
Je ne voi point d'excuse legitime
Pour m'exenter de ce que je vous doi;
Mourons plutost que fausser notre foi.

 Divine Isis, *belle victorieuse,*
J'estimerai ma perte glorieuse
Si je peris par le feu de vos yeux;
Je fais toujours cette priere aux Dieux,
Que vous ayant voüé toute ma vie,
En vous seruant elle me soit rauie;
Apres cela si ma sainte amitié
Vous peut toucher des trais de la pitié,
Et si votre œil seigneur de ma franchise
D'un peu de pleurs mon cercueil fauorise,
Que mon Destin deuiendra glorieux,
Et que ma mort me fera d'enuieux!

A MONSIEVR GODEAV.
ELEGIE XVI.

A*pprends Ami la fin de mon martire*
 Si ton loisir te permet de la lire;
Tous mes riuaux ont receu leur congé,
Ma foi triomphe, & je me suis vangé
De ces beaux fils dont l'orgueilleuse enuie
Cherchoit de l'aise aux dépens de ma vie.

Tel qu'Aquilon d'un souffle imperieux
Chasse la nuë, & découvre les Cieux,
Tel d'un seul mot je les ai mis en fuitte;
Les plus ardens ont quité leur poursuitte;
Chacun me cede, & jamais Amoureux
N'eut à sa flame un succés plus heureux:
Mais ce qui plus me comble d'allegresse,
C'est que je voi que ma belle Déesse
Se réjoüit de les voir éconduis;
Leur passion lui donnoit mille ennuis,
Et maintenant que ce cruel orage
Ne nous fait plus redouter de naufrage,
Tout ce qu'Amour ameine de plus doux,
L'aise, & les ris se retirent chez nous.

   Prends cher ERGASTE une part en ma joye,
Et receuant ces vers que je t'envoye
Fais mille vœux pour voir bien-tost le jour
Qui doit en fin couronner mon Amour.

POVR LE BANQVET DES AMOVREVX.
ELEGIE XVII.

DE'ja le puissant Dieu qui régne dessus l'onde
A vu choir en son sein la lumiere du monde;
Le bruit cesse par tout, & de peur des Grisons
Les bourgeois à grands pas regagnent leurs maisons;
L'étoile de Venus commence de paroistre;
Il la faut saluër; qu'on ouvre la fenestre

Afin que ce flambeau fauorable aux amours
Durant notre banquet nous éclaire toujours.

Paix qui liez les cœurs d'une chaîne éternelle
La troupe des Amans en ce lieu vous appelle;
Préfages de malheur retirez vous d'ici;
Baniffons loin de nous la crainte, & le fouci;
Il fe faut mettre à table, & commencer la fefte;
Que de ce beau lierre on couronne ma tefte;
O vin delicieux qui feul es mon recours
Quand l'effort des ennuis veut abreger mes jours,
Ie te vais employer, & vuider ce grand verre
Pour le plus beau fujet qui foit deffus la terre:
Plaifant Dieu des Beuueurs, confort des Amoureux
Vueillez fauorifer ce deffein genereux;
C'eft en l'honneur d'Isis que je fais cette ronde;
Alphonfe verfe à boire, afin que tout le monde
Lui rende comme moi d'un cœur deuotieux
Les honneurs que l'on doit à la grandeur des Dieux;
Amis vous auez vu fa beauté nompareille,
Et vous n'ignorez pas que c'eft une merueille
Où le Ciel a voulu découurir fes tréfors;
C'eft là qu'un bel efprit loge dans un beau corps;
Elle a comme le nom le port d'une Déeffe,
Et fi quelqu'un de vous penfe que fa Maitreffe
Ait quelque qualité qui puiffe auec raifon
A la Déeffe Isis faire comparaifon,
Ie lui ferai pareftre à force de bien boire
Qu'elle doit fur toute autre emporter la victoire,

DES ELEGIES.   227

Et montrant qu'il se trompe en son opinion
Je le veux excuser sur son affection
Pourveu qu'il se dedise, & devenu plus sage
Confesse que la belle à qui je fais hommage
Va fermement du pair avec les Deitez,
Et se puis appeler la Reyne des beautez:
S'il ne peut s'y résoudre il faut qu'il se prépare
A combatre mille fois pour un sujet si rare;
Et comme il vuidoit son verre mille fois
En boivant autant de coups je recommencerois;
Que ce nouvel Amant garde de se méprendre;
Je perdray mes jours plutost que de me rendre,
Et tant que la chaleur animera mon sang
Jamais que belle ISIS n'aura le second rang.

VERS DE LA BELLE ISIS.

NE verrai-je jamais mon adorable AMINTE
Estre proche de moi pour entendre ma plainte
Où je veux temoigner la forte passion
Qui le rend possesseur de mon affection?
Qu'il me tarde déja de ne voir la journée
Qu'Amour lîra nos cœurs par un saint Himenée;
Tu ne me répons rien? ta belle ame blessée
De quelque autre beauté m'aura déja laissée
Sans espoir de retour; que maudit soit l'Amour
Qui me blesse cent fois en l'espace d'un jour.

REPONSE AUX VERS DE LA BELLE ISIS.
ELEGIE XVIII.

INcomparable Isis, ornemant de Paris,
Cependant qu'Apollon verra ses favoris
Admirer tes beaux vers qui doivent faire vivre
A jamais ta mémoire, & celle de mon livre,
Ie veux remercier ton adorable esprit
D'avoir en ma faveur conceu ce bel écrit :
Mais quel sujet as-tu de me faire une plainte ?
De quoi veux-tu, ma belle, accuser ton AMINTE ?
Desires-tu ma veuë à dessein seulemant
De me representer que j'aime froidemant ?
Cela n'est pas croyable, & déja tout le monde
connoist ma passion à nulle autre seconde :
Ta grace a mille apas qui peuvent faire aimer ;
Quel stupide, ô mon cœur, ne pourroit s'enflamer
Voyant le vif éclat qui brille en ton visage ?
Il n'en faut point douter ; mon ame est en servage ;
Ie t'aime d'une amour hors de comparaison,
Et je mourrai d'ennui si sur notre orizon
Ie ne voi prontemant l'agreable journée
Qui nous joindra tous deux du saint nœud d'Himenée
Isis assure-toi de ma fidelité ;
Ton Amant est sans yeux pour une autre beauté ;
Tu possedes son cœur, ses desirs, & son ame ;
Ne maudis point l'Amour dont tu ressens la flame ;
Il n'est

Il n'est rien de pareil à ses dous passetemps;
C'est luy seul qui vraimant nous peut rendre contens;
S'il a quelque rigueur elle n'est pas sans charmes;
Vn Amant se plaist mesme à répandre des larmes;
Ie sçai bien toutefois qu'il n'en n'a point pour toi;
Ce n'est que par tes yeux qu'il impose la loi
A tous ces Amoureux qui sur les bords de Seine
Cherchent dedans leurs pleurs un remede à leur peine;
Ce petit Dieu t'honore, & craint de t'irriter,
Il te charge d'un joug bien facile à porter,
Et sans beaucoup de peine il est en ta puissance
D'auoir de tes desirs l'entiere jouissance.

POVR LES YEVX NOIRS.
ELEGIE XIX.

Vous qui suiuez l'objet incomparable
De la beauté d'une fille adorable;
Aimable esprit qui faites vanité
Que des yeux noirs vous ayent enchanté,
Et dessus vous emportent la victoire,
Lisez ces vers que je chante à leur gloire;
Au moins, Ami, vous deuez auoüer
Le beau dessein que j'ai de les loüer,
Ainsi que vous mon ame rend hommage
A des yeux noirs qui l'ont mise en seruage.
L'un seulemant est charmé de ces yeux
Que nous voyons de la couleur des cieux;

L'autre les verds sur tous autres estime;
De moi je tiens que c'est commettre un crime
Que de nier contre la verité
Que les yeux noirs ont le plus de beauté:
Ils sont plus vifs; leur lumiere est si pronte
Que son éclat les plus braues surmonte;
Toujours leurs traits demeurent les vainqueurs,
Et comme un foudre ils penetrent les cœurs:
Il fait tres-bien celui qui les méprise,
S'il veut garder sa joye, & sa franchise,
De ne pas voir des astres si puissans
Qui d'un regard captueroient ses sans;
S'ils les voyoit on le verroit en cendre,
Et lors sans doute il pourroit bien apprendre,
Estant puni de sa temerité
Que les yeux noirs ont le plus de beauté.

 Belles clairtez, subtil poison de l'ame,
Flambeaux d'amour, viue source de flame,
O beaux yeux noirs qui m'auez surmonté
Prenez le soin que je sois bien traité;
Si l'un me trouble auecque sa furie,
Pour me remettre il faut que l'autre rie;
Jamais beaux yeux ne soyez en courrous;
Mais plaisez-vous à me parestre dous;
Faites moi voir que la Belle que j'aime
Ainsi que moi brûle d'amour extrême,
Puisque jamais mon ame n'a douté
Que les yeux noirs ont le plus de beauté.

A I. CESAR DE VILLENEVVE.
ELEGIE XX.

Plus que deuant je souffre du martire;
L'espoir me quitte, & ma douleur empire;
J'ai de l'ennui sans connoistre pourquoi;
Vne langueur qui s'empare de moi
Me decourage, & contre ma coûtume
Me fait trouuer par tout de l'amertume;
Les beaux écris pour moi n'ont plus d'apas;
Mesme Bacchus ne me contente pas,
Quoi qu'en ma chambre il entre plain de gloire
Pour emporter sur mes maux la victoire:
Ie te conjure au nom de l'amitié
D'estre sensible aux traits de la pitié;
Vien, cher Ami, vien consoler mon ame;
Tu me diras comme MELIS t'enflame;
Quelle faueur t'oblige de l'aimer;
Comme on pourra ma tourmente calmer;
Nous parlerons de la Nimphe ISABELLE,
Et des soûpirs de son Amant fidelle;
ISIS aussi qui me fait affoler
Nous donnera beau sujet de parler,
Et si tu veux te mettre à la fenestre
Tu pourras voir cette beauté parestre;
Lors tu diras que c'est auec raison
Que je me plais en si belle prison:

Vien, cher Ami, ne tarde davantage ;
Ton entretien me rendra le courage,
Et réjoüi de ta gentille humeur
Tu me feras goûter quelque douceur.

A M. D. G.
ELEGIE XXI.

Divin Esprit je sçai que l'univers
Connoist ton nom sans l'aide de mes vers ;
Tes beaux écris d'eternelle mémoire
Laissent par tout des marques de ta gloire,
Et comme un Peintre excellant en son art,
Se retirant dedans sa chambre à part,
Pourroit tirer lui-mesme son visage
Dans un miroir contemplant son image ;
Tu nous fais voir les belles qualitez
Qui te vont mettre au rang des Deitez,
Et ne faut pas que quelque autre ait l'audace
D'offrir ton nom aux Vierges de Parnasse :
Certes aussi je n'ai pas entrepris
De l'envier sur tes rares écris,
Et mon dessein dans ce petit ouvrage
Est seulemant de donner témoignage
Que je t'honore, & me tiens bien-heureux
De te conter mes desirs amoureux.
Ie ne croi pas que cela te déplaise ;
Ou je me trompe, ou tu seras bien aise

D'ouïr parler des effets de l'Amour,
Et de l'objet qui me tient à sa Cour:
Ainsi, pour moi, quand ce feu de jeunesse
Qui me consume auprès de ma Maitresse,
Me laissera proche de mon trépas,
L'Amour pourtant ne me déplaira pas;
Mais je rirai de voir au voisinage
Les beaux esprits aux Dames faire hommage:
Toi tout de mesme approuue tant soit peu
Que maintenant mon cœur soit tout de feu;
Que mon ISIS captiue ma franchise,
Et qu'à ses lois mon ame se réduise:
Rien n'est égal à sa rare beauté;
Ie ne pouuois perdre ma liberté
Plus dignemant qu'en la perdant pour elle:
Sa chasteté ne la rend point cruelle;
L'honneur en elle aux douceurs est conjoint,
Et sa vertu ne l'en-orgueillit point.
Ces grands Censeurs qui ne peuuent rien lire
Où leurs esprits ne trouuent à redire,
Ouurant les yeux sur ce petit discours
Me blâmeront de conter mes amours
A ta vieillesse ou vraimant tu n'estimes
Que l'entretien des choses plus sublimes;
Mais ton esprit qui voit si clairemant
Connoistra bien leur peu de jugemant;
Vn bon soldat parlera de la guerre,
Et les marchans qui delaissans leur terre

Se sont fiez aux bourasques des eaux
Discoureront du gain de leurs vaisseaux;
L'un nous dira les secrets de nature;
L'autre apprendra ce que c'est que peinture;
Bref tout le monde a de la passion
Pour s'honorer dans sa condition:
Moi que l'Amour soumet à son empire,
Dedans ces vers que pourroi-je t'écrire
Que son pouuoir, & comme la raison
Deuient esclaue en sa douce prison?
Sur mes vieux jours affranchi de seruage,
Et deuenu plus prudent, & plus sage,
Mon entretien deuiendra serieux;
Ie parlerai des delices des Cieux;
De la vertu qui nous y peut conduire:
Comme le corps au joug se doit reduire,
Et la raison doit sur lui dominer;
Mais maintenant il ne faut s'étonner
Si tout boüillant des feux de la jeunesse,
Et plain d'amour je poursuis, & caresse
La belle Isis, & ne puis discourir
Que pour loüer ce qui me fait mourir.

A IACQVES DESLANDES.
ELEGIE XXII.

Que je t'estime heureux de rire de l'Amour!
Alors que le Soleil nous rameine le jour

Le soin qui te réueille est celui de te rendre
Ou tes meilleurs Amis ont promis de t'attendre;
Tu fais voir ton bon-heur en mille lieux diuers,
Et le Bourgeois a beau regarder de trauers
Pour toi-mesme tu vis, & sa jalouse enuie
Condanne vainemant une si douce vie:
Quand la nuit voile tout de son obscurité,
Bacchus dedans ta troupe auecque liberté
Apporte cent douceurs, & la liqueur d'un verre
Te fait croire au dessus des plus grands de la terre.
Helas! à mon égard il n'en va pas ainsi;
Toute la nuit je veille accablé de souci,
Et dès l'aube du jour je suis à ma fenestre
Où j'attens qu'à la sienne Isis vienne parestre.
Ie n'ai rien dans l'esprit que sa rare beauté;
Ie pense incessammant à ma captiuité,
Et comme je pourrai par si belle conqueste
De myrthes éternels enuironner ma teste.
Ie suis inquieté si quelqu'un vient chez moi;
Fust-il de mes Amis, à regret je le voi;
La rage me surmonte, & tant qu'il y demeure
Il me semble toujours qu'il me fait perdre l'heure
De voir le bel objet de mon chaste desir,
Et l'honneur qu'il me fait m'est comme un déplaisir:
Ie ne suis pas à moi; la passion m'emporte;
Ie ne sçaurois cacher une gesne si forte,
Quand je suis près d'Isis un regard seulemant
Me donne du martire, ou du contentemant;

Ie n'ai pour conducteurs que les yeux de ma belle;
Ma joye ou mon ennui ne procede que d'elle;
Le soir quand la lumiere abandonne ces lieux,
Cependant que tu bois d'un vin delicieux,
Ie suis dedans la ruë afin de voir encore
La celeste beauté que mon esprit adore;
Les astres dans le Ciel me seruent de flambeaux;
Ie passe à la merci des Tireurs de manteaux;
Ie m'expose à la pluye, au vent, à la froidure,
Et pour me deliurer d'un tourmant que j'endure
Ie cours mille dangers, & là sans aucun fruit
Ie passe bien souuant la moitié de la nuit.
Ami conserue toi dans ta douce franchise;
Fui d'auprès les beautez; éuite la surprise;
L'Amour est notre perte, & se donner à lui,
C'est mourir pour soi-mesme, & viure pour autrui.

AVX BEAVX ESPRIS.
ELEGIE XXIII.

NE vous étonnez pas que beaucoup de mes vers
Soiët foibles de matiere, & marchët de trauers;
I'y cherche du repos, & non pas de la gloire;
Ie ne suis point de ceux qui s'en faisant accroire
Pensent pour peu de chose un renom acquerir
Qui plaise à tout le monde, & ne puisse mourir.
Quand l'Amour me trauaille, & que sa chaude flame
Met mon corps en desordre, & transporte mon ame,

J'ai

J'ai recours à mes vers qui charment mes ennuis,
Et me font oublier la misere où je suis.
Ainsi jadis Orphée aux montagnes de Thrace
Quand les rochers pour lui démarroient de leur place,
Appaisoit en chantant son extrême douleur;
Ainsi les artisans ennuiez du labeur
Diuertissent leur peine, & pour eux la journée
A force de chansons est plutost terminée.
Ie n'ai pas le loisir de limer, & polir,
Et de traits recherchez mon ouurage embellir;
Je sui les mouuemans que la Muse m'inspire;
Son feu me violente, & me presse d'écrire,
Et pourvu que mon ame ait de l'allegemant,
Ie croi que mes écris ont assez d'ornemant.

A LA BELLE ISIS.

Sur la blessure de son œil.

ELEGIE XXIV.

Que d'étranges malheurs régnẽt dessous les Cieux?
Vn funeste baston t'a blessé l'un des yeux;
Encore ma paleur peut donner témoignage
Combien cet accident a troublé mon courage;
Je ne puis me remettre, & la peur qui me suit
Me figure l'horreur d'une éternelle nuit:
Isis lors que ton œil a receu cet outrage,
Le sang que l'on a vu sur ton pasle visage

A fait craindre à chacun que la fatalité
A l'un de mes soleils eust raui la clairté:
Ie ne puis exprimer la moitié de ma peine;
C'est un œuure au dessus de la puissance humaine:
Vn grand Peintre autrefois voulut representer
Le dueil qu'eurent les Grecs qu'on força d'assister
Aux prophanes autels qu'une aueugle manie
Deuoit ensanglanter du sang d'Iphigenie;
Plusieurs dans son tableau les yeux trempez de pleurs
Sembloient déja montrer leurs plus viues douleurs,
Et voulant employer tout l'art de la Peinture
Pour bien representer l'incroyable torture
Où fut Agamemnon lors que sans réconfort
Sa fille lui parut voisine de la mort,
Il voila son visage, & par là voulut dire
Qu'on pouuoit mieux peser qu'exprimer son martire.
Ainsi ne pouuant pas décrire la douleur
Que m'a fait endurer ce funeste malheur,
I'aime mieux la voiler d'un eternel silence
Que de ne pas conter toute sa violence.
I'étois près de mourir, si je n'eusse connu
Que j'en auois plus craint qu'il n'étoit auenu;
Ton œil est offensé, mais pourtant sa lumiere
N'est pas, graces aux Dieux, au bout de sa carriere;
L'Amour en cette perte auoit trop d'interest;
Ce n'est que par tes yeux que son pouuoir parest,
Et s'il n'eust moderé cette cruelle atteinte,
La moitié de sa gloire alloit parestre éteinte.

Cher Astre de mes jours ne te desole pas;
Ta beauté pour cela n'en a pas moins d'apas;
Ie sçai bien d'où procede une telle auenture;
Quelqu'un de mes Riuaux las du mal qu'il endure
A tant prié les Dieux pour se vanger de moi
Que ce sort deplorable est tombé dessus toi;
Rien ne pouuoit aussi m'affliger dauentage
Que de faire à ta veuë un si sensible outrage;
Mais tu peux, belle ISIS, *aisémant t'en vanger;*
Ta douleur s'alentit : tu n'es plus en danger;
Vn si lasche dessein s'est reduit en fumée;
Ton bel œil reprendra sa grace accoutumée;
Ne refuse plus rien à mon chaste desir,
Et bien-tost ce Riual mourra de déplaisir.

ELEGIE XXV.

AMour où reduis-tu mon esprit amoureux?
Ton Empire jamais fut-il si rigoureux?
Est-il quelque douleur que je n'aye endurée?
Quelle gesne à mes soins peut estre comparée?
Et qui peut surpasser mes plus petits ennuis?
Le desordre me suit, les jours me sont des nuits,
J'ai les ris en horreur, le plaisir m'importune
Depuis que la rigueur de l'aueugle Fortune
A blessé le bel œil qui me sert de flambeau,
Et qui de mes écris est l'objet le plus beau :
Quelque mal qu'ait ISIS, *je le souffre comme elle;*
Mais las! pour rendre encor ma peine plus cruelle,

E e ij

On ne veut plus souffrir que l'astre de mes jours
Par ses diuins regards me donne du secours.
　Ne delibere plus, ô miserable AMINTE;
Ce n'est plus la saison de former une plainte;
Mets le monde en repos, resouds toi de mourir,
Par la mort seulemant ton mal se peut guerir;
Que ma diuine ISIS sçache ainsi que je l'aime;
Que j'ai de son absence une douleur extrême,
Et que mon cœur s'immole à sa rare beauté;
Qu'elle s'assure ainsi de ma fidelité,
Et quand j'aurai mis fin aux peines que j'endure,
Qu'on écriue ces vers dessus ma sepulture.
　Celui que l'on a mis dans ce triste sejour
Eust vescu plus long-temps s'il eust eu moins d'amour.

ELEGIE XXVI.

IL faut enfin pour appaiser mon ire
　Armer mes vers des traits de la Satire,
Et décriuant mon extrême douleur
M'en décharger dessus son propre auteur:
Le commun peuple, indiscret, & volage,
Dont le caquet n'apporte que dommage,
Qui toujours veille, & par trop curieux
Ouure sur nous incessammant les yeux,
Cause tout seul les peines que j'endure;
Ie ne puis plus supporter cette injure
Sans témoigner que cela me déplaist;
Son bruit m'ennuye, & j'ai de l'interest

DES ELEGIES.

A réfrener une licence extréme
Qu'il prend de nuire à la Belle que j'aime :
Il dit tout haut que j'en suis amoureux,
Que ses faueurs me rendent bien-heureux,
Et sans sujet à sa mere il conseille,
Par ses discours, que sur nous elle veille.

Las ! belle Isis, il m'a falu depuis,
Pour arrester le cours de tous ces bruits,
Souffrir l'ennui d'une absence cruelle ;
Quoi que l'Amour auprès de toi m'appelle,
Et que ce soit le but de ton desir,
Ie n'ose pas joüir de ce plaisir,
Tant j'ai de peur qu'auec trop d'insolence
Le peuple encor blâme ton innocence.

Profane engeance, infames médisans,
Que par le fer on abrege vos ans,
Ou possedez de colere, & d'enuie
Trainez en peine une fâcheuse vie.
Et que chacun vous rende justemant,
Par des affrons, un pareil traitemant
Que l'on reçoit de vos langues maudites ;
Que le salaire égale vos merites ;
Quand le Printemps met la terre en humeur,
Que vos vergers soient sans fueille, & sans fleur,
Et que Bacchus, ingrat à votre peine,
Rende toujours votre esperance vaine ;
Que vos troupeaux soient le butin des loups ;
Voilà les vœux que je ferai pour vous

Tant que les traits de vos bouches infames
Tourmenteront la plus belle des Dames,
Et que suiuant vos injustes discours
Vous parlerez de nos chastes amours.

ELEGIE XXVII.

Adieu Muses, Adieu, les vers sont superflus
Puisque ma belle Isis ne les approuue plus;
J'abandonne vos monts, & le sacré bocage
Où tous vos fauoris vous vont faire l'hommage;
Mon esprit amoureux cesse d'estre enchanté
Du superbe desir de l'immortalité,
Et je n'ai plus le soin que mon nom dans un liure
Victorieux des ans à jamais puisse viure:
Ie ne suis point porté d'une autre ambition
Que de lui témoigner ma forte passion;
Que ce grand uniuers m'ôte de sa memoire
Aussi-tost que la mort aura sur moi victoire,
Que m'importera-t'il, si deuant mes vieux jours
Ma belle est disposée à me donner secours?
Et si j'obtiens en fin la chere recompense
Que je veux meriter par ma perseuerance?
Lors que j'aurai joüi de ses rares beautez,
Que mes jours par la mort se voyent limitez;
Prends moi quand tu voudras, ô cruelle Déesse,
Tu me verras toujours auec de l'allegresse.
  Ie preparois des vers qui deuoient acquerir
La diuine vertu de ne jamais perir,

Et déja, belle Isis, d'une ardeur sans seconde
J'allois de ton merite étonner tout le monde;
Mais puisque mon dessein ne te contente pas,
Et que pour ton esprit les vers n'ont point d'apas,
Desormais j'y renonce, afin de ne rien faire
Qui ne te satisfasse, & ne te puisse plaire;
Et puis, celeste Isis, qu'est-il besoin de vers
Pour faire que ton nom courre par l'uniuers?
Il est connu par tout, & la terre est charmée
De ce qu'a publié ta belle renommée;
Tes yeux en tous endrois se sont rendus vainqueurs,
Et par tout ton beau nom est graué dans les cœurs;
On n'a garde jamais d'en perdre la mémoire;
Ta fameuse beauté compagne de la Gloire
D'elle mesme se fait, comme une Deité,
Vn facile chemin à l'immortalité.

ELEGIE XXVIII.

Muses dont le bel art donne l'éternité,
Que par vous mon esprit soit encore agité;
Reuenez doctes sœurs de mirthe couronnées
Sauuer le nom d'Isis de l'effort des années,
Et mieux qu'auparauant faire parestre au jour
Sa grace incomparable, & mon extreme amour:
Que je ressente au cœur une nouuelle flame;
Ma diuine Maitresse a du regret en l'ame
D'auoir desapprouué votre sainte fureur;
Que ce doux repentir borne votre douleur;

Elle vous tend les bras, & veut bien que mes veilles
Prennent pour leur sujet ses beautez nompareilles:
De moi je suis tout prest à souffrir vos efforts
Pour décrire en mes vers de si rares trésors;
Que votre feu divin m'échauffe, & me transporte;
Qu'aucun n'ait ressenti de passion plus forte:
Dessus les bords de Seine où les Nimphes des eaux
Dancent chaque soirée à l'ombre des ormeaux,
J'attens votre venuë avec impatience;
Vn doux repos y régne auecque le silence,
C'est là que sans nul trouble on peut s'entretenir;
Filles de Iupiter depeschez de venir,
Et ne differez plus d'assister mon courage
Au desir qui le porte à tracer cet ouurage.
Soit que par ses faueurs malgré les enuieux
Mon adorable ISIS me rende égal aux Dieux;
Ou soit que sa rigueur m'éloignant d'auprès d'elle
Tiranise mes jours d'une peine immortelle;
Ie chanterai si bien que la posterité
Iugera pour le moins que j'eusse merité
D'auoir dessus son cœur un souuerain empire,
Si cela se gagnoit à force de bien dire.

AV SOMMEIL.
ELEGIE XXIX.

Douce treue des soins, cher Sommeil c'est à tort
Qu'on te nomme par tout le frere de la Mort;

cette

Cette sœur pretenduë est effroyable au monde;
Au lieu que ton pouuoir de tant de joye abonde
Que charmé des apas que j'ai trouuez en toi
Ie voudrois que toujours tu regnasses sur moi.
 Le Soleil se leuoit, & mille herbes fleuries
A ses premiers rayons émailloient les prairies;
Lors que par ton moyen j'apperceu la beauté
Qui dedans ses liens retient ma liberté;
Son port majestueux qui l'égale aux Déesses,
Et cette grauité qui parmi les caresses
Que d'elle je reçoi m'empesche doucemant
De suiure sans respec mon premier mouuemant,
N'auoient point de credit; mais là sans retenuë
Dans un transport d'amour elle vint demi-nuë
Se presenter à moi, mettant en mon pouuoir
Ce qu'en veillant jamais je n'esperai de voir:
Là de mille baisers mon ame fut rauie,
Et si ma passion ne se vid assouuie,
Au moins en cette veuë elle eut tous les plaisirs
Dont on peut en aimant former quelques desirs.
Helas qu'à mon réueil mon ame fut saisie
De tristesse, & d'ennui! que j'eus de jalousie
De voir que ma Déesse en s'éloignant de moi
Me priuoit de plaisir pour courir après toi!
Elle suiuit tes pas, & je cru pour ta gloire
Qu'ayant dessus ses sens emporté la victoire,
Tu l'obligeois ainsi de te suiure en tous lieux,
Et que c'est pour toi seul que Madame a des yeux.

Tel qu'un homme décheu de la faueur d'un Prince
Cherche pour soupirer quelque étrange prouince,
Où sans estre connu son esprit dépité
Maudisse la fortune auecque liberté :
Tel me voyant priué de mes cheres delices
Ie fus dedans mon lit accablé de suplices ;
I'en sortis en colere, & courus à l'écart
Entretenir les bois de ton triste depart.
Agreable Sommeil si tu veux me complaire,
Et calmer prontemant les flos de ma colere,
Fais que par tes pauots je me trouue enchanté,
Et rameine en mes bras cette rare beauté :
Si j'ai cette faueur, & si j'obtiens encore
Le bien de voir ainsi la Belle que j'adore,
Ie te rendrai celebre , & toujours dans mes vers
I'étalerai ta gloire aux yeux de l'vniuers.

ELEGIE XXX.

IE ne puis plus souffrir qu'on differe le jour
Où l'on doit exaucer les vœux de mon amour,
L'ardeur qui me transporte a trop de violance
Pour me repaistre ainsi de la seule esperance :
Comme un fleuue au printemps d'un effroyable effort
Rompant ce qui l'empesche outrepasse son bord,
Et n'a plus pour son lit de limites certaines ;
Ainsi la passion me donne tant de peines,
Et me presse si fort qu'il faut pour l'appaiser
Quelque chose de plus que n'est pas le baiser,

Ie ne puis m'arrester à de simples caresses,
Et déja belle Isis les traits dont tu me blesses
Ne peuuent plus souffrir que la discretion
Serue comme de bride à mon affection.
Madame pour t'aimer de tant de feux j'abonde
Que je passe en ardeur tous les Amans du monde;
Aussi ne faut-il pas que seuere enuers moi
Tu refuses le bien que j'espere de toi;
Rends-toi, mon cher souci, fauorise ma flame,
Sois desormais facile au desir de mon ame,
Et bornant la longueur de mon extreme ennui
Contente toi toi-mesme en contentant autrui.

Au retour du Printemps.
ELEGIE XXXI.

Agreable printemps te voici de retour;
La terre desormais pour receuoir l'Amour
Se couurira de fleurs, & deuiendra plus belle;
Le rossignol s'apreste, & la triste hirondelle
Montrant la marque encor du sang qu'elle épandit
Contre le soliueau vient attacher son nid;
Le Soleil plus matin commance sa carriere,
Et l'Ocean plus tard nous rauit sa lumiere;
La terre est échauffée, & feconde produit
Sur les arbres fleuris le dous espoir du fruit:
Isis c'est maintenant que rauis d'allegresse
Nous deuons accomplir notre sainte promesse,

Et d'un commun accord rechercher les plaisirs
Qui peuuent doucemant contenter nos desirs:
L'air plus doux que jamais à cela nous conuie,
Faisons par le bon-heur remarquer notre vie,
Laissons un peu la ville, & qu'aux lieux écartés
Les arbres soient témoins de nos felicités;
Là ton chaste baiser loin de la medisance
Sans qu'on l'explique à mal donnera connoissance
A ton fidelle Amant combien il est aimé;
C'est là qu'entre tes bras doucemant animé
Ie ferai pour te plaire un effort sur moi-mesme,
Là tu verras à nu ma passion extrême,
L'exemple des oyseaux dans un si beau sejour
Semblera nous induire à bien faire l'amour.
Dépeschons, chere Isis, le cours de la jeunesse
Passe sans qu'on y pense auec tant de vitesse,
Que si nous differons à nous rendre contens,
Lors que nous le voudrons il ne sera plus temps.

ELEGIE XXXII.

IE suis tout hors de moi, ma main brule d'écrire,
Le cœur me bat d'ardeur, c'est un Dieu qui m'inspire,
Et pour me distinguer des vulgaires esprits
Veut d'un feu tout diuin animer mes écris.
　Belle pour qui mon cœur se plaist d'estre en seruage,
Tandis que cette humeur possede mon courage,
Que pourroi-je tracer de plus digne en mes vers
Que mon amour extreme, & tes charmes diuers?

Car à toi, chere ISIS, que s'adreffent mes veilles;
Quand tout le monde dort c'eft lors que les merueilles
Que l'on remarque en toi me charment puiffammant
Des diuines fureurs d'un dous rauiffemant:
Que ce m'eft de plaifir quand tournant ma penfée
Deffus l'heureux momant que mon ame bleffée
Adora les apas de ta rare beauté,
Ie contemple le cours de ma captiuité!
Là toutes tes faueurs viennent en ma memoire,
J'admire ma fortune, & combien j'eus de gloire
Quand laiffant mille Amans qui te faifoient la cour
Ton ame pour moi feul voulut bruler d'amour;
Leur fuperbe grandeur d'une vaine apparance
Sembloit à mes deffeins dérober l'efperance;
Tout le monde jugeoit que je deuois ceder,
Mais l'Amour m'empefcha de les apprehender,
Et me vint affurer de voir un jour ma tefte
Couuerte des honneurs de ta belle conquefte:
J'auois le dernier rang entre tes Amoureux,
Ils me paffoient en biens, mais auffi pas un d'eux
En matiere d'amour ne m'étoit comparable;
Tu fis bien de m'aimer; la fille eft miferable
Qui fe paiffant l'efprit de quelque vanité
Veut dans des chaifnes d'or perdre fa liberté,
Et tenant les vertus pour des chofes friuoles
Eftime fes Amans au nombre des piftoles.
La fageffe du monde eft de fe contenter,
Nos Rois dont la grandeur ne fe peut augmenter,

font gloire de tirer du milieu du vulgaire
Ceux dont les actions ont l'honneur de leur plaire,
Et souvent on a vu leurs puissans favoris
De leur train magnifique éblouïr tout Paris.
Toi qui dessus les cœurs exerces ton empire,
Reine des beaux esprits, cher objet ou j'aspire,
Incomparable Isis tu les veux imiter,
Et bien que mon amour ne puisse meriter
Depuis que je te sers, aucune recompance;
Ma belle toutefois pour montrer ta puissance
Tu m'as comme arraché du néant ou j'étois
Pour me mettre à l'égal des Princes, & des Rois.
D'autant plus, belle Isis, je te suis redeuable
Que moins je meritois un bien tant desirable;
Les autres qui t'aimoient boufis d'un vain orgueil
S'estimoient meriter un fauorable accueil,
Et chacun d'eux, mon cœur, avoit cette croyance
Qu'il t'honoroit beaucoup cherchant ton alliance.
Pour moi bien éloigné de leur présomption
Ie doi toute ma gloire à ton affection:
Le reste de mes jours j'aurai dedans moi-mesme
Vn vif ressentimant de ta faueur extrême,
Et je me souuiendrai, comblé de tant de biens,
Du jour que tes beaux yeux triompherent des miens.

ELEGIE XXXIII.

Après tant de desirs, d'offrandes, & de vœux;
Après auoir passé tant de jours malheureux

DES ELEGIES.

Ou sans auoir égard à mon amour extrême
On me vouloit priuer de la beauté que j'aime,
En fin victorieux de tant d'empeschemans
Ie vais parestre au rang des plus heureux Amans;
Le Soleil doit bien-tost amener la journée
Que ma teste sera de mirthe enuironnée,
Et qu'à la fin l'Amour de mes larmes touché
Me donnera le bien que j'ai tant recherché;
Déja ma belle ISIS m'en a fait la promesse;
Nous nous sommes jurez auec de l'allegresse
Deuant mille témoins que la fin de nos jours
Pouroit seule briser le nœud de nos amours.

Tristesses dont souuent les ames sont atteintes,
Soupirs, & desespoirs, fâcheux sujets de plaintes,
Incroyables douleurs que l'on souffre en aimant,
Eloignez vous de moi, cherchez un autre Amant:
Vous mignards passetemps où toutes les années
Passent sans qu'on y pense ainsi que des journées,
Agreables transports où nous jette l'Amour
Faites dedans mon cœur un éternel sejour;
Ma fortune est égale à ce que je desire;
Ie tiens le premier rang en l'amoureux Empire,
Et tout ce que je puis maintenant demander
Est de pouuoir long-temps un tel bien posseder.

Réponse à Monsieur Ogier.
ELEGIE XXXIV.

JE n'ai jamais sçeu l'art de bien dissimuler,
La franchise à la fin me force de parler,
OGIER je ne puis plus te cacher ma pensée,
Et comme de tes vers mon ame est offencée,
Ie te veux appeler deuant notre Apollon,
Et dans la sainte horreur de son sacré valon
T'accuser hardimant en presence des Muses
D'abuser des faueurs qui par lui sont infuses;
I'ai regret d'auoüer que tes vers sont flateurs
En me plaçant au rang des plus fameux Auteurs,
Tu m'estimes par trop, & je n'ai pas l'audace
De croire égaler ceux que je suis à la trace.
De grace abaisse un peu l'orgueil de tes écris,
Cesse de me nombrer entre les grands esprits,
Mesure desormais la loüange au merite,
Que dedans son sujet ta plume se limite;
Garde ces vains discours pour ces ambitieux
Qui mortels comme nous pensent estre des DIEUX.
De moi je sçai ma force, & quel est l'auantage
Que te donne sur moi ton plus petit ouurage:
Mais comme pour les vers je te cede le pris,
Dedans l'empire aussi de la belle CYPRIS
Ami certes il faut que tu quittes la place;
Syluie à ton sujet paroist toute de glace,

Et tu

Et tu sçais bien qu'Isis brule d'amour pour moi;
Ce n'est pas qu'en effet je vaille plus que toi;
Tu ne manques en rien de cette humeur gentille
Qui régne absolumant sur l'esprit d'une fille;
Tes discours sont polis, & ta subtilité
Connoist l'art de fléchir la plus fiere beauté;
Mais de secrets malheurs qui suiuent notre vie
Nous empeschent tous deux, toi de gagner Syluie,
Et moi de paruenir à tes inuentions
Qui gardent de l'oubli les belles actions.
 C'est un étrange cas que l'on ne voit personne
Qui soit content des biens que le Destin lui donne;
Toi pour qui l'éloquence a ses trésors ouuers,
Qui sçais les mouuemans qu'il faut donner aux vers,
Et qui par ton sçauoir te couures d'une gloire
Qui doit rendre ton nom d'éternelle memoire,
Tu ne laisses pourtant de parestre jalous
De voir qu'Isis me fasse un traitemant si dous,
Et voudrois me ceder l'honneur de ta science
Si j'auois le pouuoir de mettre en ta puissance
L'inhumaine Beauté dont l'orgueilleuse loi
Te met comme en trofée, & triomphe de toi.
Limite tes desirs, & sans aucune enuie
Regarde desormais le bon-heur de ma vie;
Ta science vaut mieux que la fiere beauté
Qui fait gloire par tout de ta captiuité;
La Grace se détruit par sa propre durée,
Et sa possession n'est jamais assurée;

Gg

Ce sont de fresles biens que nous donne l'Amour;
Celui qui les possede apauurit chaque jour;
Notre fortune passe, & le plus beau visage
A l'empire du Temps fait le plustost hommage:
Mais les dons d'Apollon se conseruent toujours;
Le temps les affermit, & l'effort de son cours
Qui fait qu'on cherche Rome au milieu des ruines,
Ne peut anéantir des choses si diuines:
La gloire, & la splendeur qu'apporte le sçauoir
Exercent sur les ans un absolu pouuoir;
Nous sommes dépourueus des trésors de la terre
Alors que le tombeau nos reliques enserre;
Cette vaine grandeur s'écoule prontemant;
Mais le bien d'Apollon dure eternellemant.

ELEGIE XXXV.

Vous qui n'auez au cœur que glace, & que rudesse
Qui ne permettez rien au feu de la jeunesse,
Et qui montrant toujours de la seuerité
N'entendez point les noms d'esclaue, & de beauté,
Ne perdez point le temps à lire cet ouurage;
Il n'est point composé pour une humeur sauuage;
Il faut un jeune Amant si viuemant blessé
Qu'il soit hors de lui-mesme, & paroisse insensé;
Qui lise auec ardeur, & sente les atteintes
Des fortes passions qu'il y verra dépeintes;
Qui change à chaque vers de mine, & de couleur,
Qui pense voir par tout son extrême douleur,

Et demeure étonné que je vueille décrire
Comme Amour le rangea sous son cruel Empire.
 Toi fille qui ressens la peine, & le souci
Que ce Dieu donne aux siens tu me peux lire aussi;
Cache toi de ta mere, & n'étant rien que flame
Voi dedans mes écris ce qui brule ton ame;
Ceux qui pensent tous seuls mériter des lauriers
Les Poëtes du Louure écriront des guerriers
Les belles actions, & tous bouffis de gloire
Animeront la Cour au bruit d'une victoire;
De moi qui ne veux pas donner ma liberté
Si ce n'est aux apas d'une rare beauté,
Et qui laissant des Grands la faueur incertaine
Ne cherche que les biens dont on joüit sans peine,
Pour me desennuyer je veux dedans mes vers
Décrire seulemant les mouuemans diuers
Qui troublent les Amans selon que leurs Maitresses
Témoignent des rigueurs, ou leur font des caresses,
Et j'aurai dignemant employé mon loisir
Si celle je que sers en reçoit du plaisir.

ELEGIE XXXVI.

Belle Venus il faut que je m'acquite
De l'entreprise où ta faueur m'inuite,
Et que je montre en ce petit discours
Le grand pouuoir du Prince des Amours:
Quiconque en doute, & refuse de croire
Que dessus tout il gagne la victoire,

Qu'il vienne lire, & connoisse en mes vers
Comme il commande à ce grand uniuers :
Celui qui sçait combien l'on prit de peine
Pour conseruer, & pour r'auoir Heleine,
Auecque moi croira facilemant
Que dessus nous il régne absolumant,
Qu'il est vraimant le Demon de la guerre ;
Ses fauoris ont par toute la terre
Fait renommer leurs actes glorieux ;
Chacun ressent ses traits victorieux ;
Mais entre tous la gaillarde jeunesse
Reçoit ses coups auec plus d'allegresse ;
Vn jeune Amant allant sans faire bruit,
Méprisera les perils de la nuit
Pour la beauté de son cœur adorée ;
La jeune fille en secret retirée
Brule d'amour, & témoigne à ses pleurs,
Sans dire mot, quelles sont ses douleurs,
Et voudroit bien reprocher à son pere
Qu'il est l'auteur de sa longue misere :
L'Amour s'attaque aux libertez des Rois,
Et les balets, les dances, les Tournois,
Que font les Grands ne sont que des hommages
Où l'on connoist qu'il fléchit leurs courages.
  Bois de Boulongne, agréable sejour,
Combien vois tu d'esclaues de l'Amour
Durant l'esté chercher ton frais ombrage
Pour alentir le feu qui les outrage ?

Grands, & petis adorent la beauté;
Chaque mortel lui doit sa liberté,
Et si quelqu'un privé de gentillesse
Peut refuser le joug d'une Maitresse,
L'Amour pourtant se randra son vainqueur,
Et dedans l'or captiuera son cœur.
Tel plusieurs fois a paru si sauuage
Que nul objet n'émouuoit son courage,
Que puis après on a vu laschemant
Ietter des pleurs, & souffrir du tourmant
Pour des sujets qui n'en étoient pas dignes;
Ce Dieu ce plaist aux vangeances insignes,
Et souuerain dessus tous les espris
Il ne peut pas endurer des mépris.
Non seulemant son redoutable empire
Fait ressentir aux hommes du martire,
Ce petit Dieu volant par les rameaux,
A coups de fléche excite les oyseaux,
Blesse les cerfs, & brule dans les ondes
Des fiers Dauphins les troupes vagabondes.
 Ieunes Amans, aimez jusqu'au tombeau
Si vous auez un objet qui soit beau;
On ne perd pas au temps de la vieillesse
Le souuenir d'une belle Maitresse;
Mais sans souci beuuant de la liqueur
Qui réjoüit, & donne une ame au cœur,
On est bien aise en ses gayes pensées
De discourir des fortunes passées;

Les jeunes gens pour sauoir nos amours
Ne perdans pas un mot de nos discours,
Feront alors les plaisans exercices
Qui maintenant nous comblent de delices.

A. M. L. R.
ELEGIE XXXVII.

Lassé de tant de vers que j'ai fait voir au jour
J'allois jouïr en paix des fruits de mon amour,
Et prendre du repos attendant que les Muses
Eussent dans mon esprit d'autres graces infuses;
Quand le bruit qui pour toi remplit tout l'vniuers
Est venu réueiller mon esprit, & mes vers;
Ton merite toujours me remet en memoire
Les belles qualitez qui te comblent de gloire;
Si quelqu'autre sujet me vient entretenir,
Notre grand Apollon me fait resouuenir
Qu'il a mis dedans toi des graces nompareilles
A qui je dois donner quelque temps de mes veilles,
Et sa fureur m'engage à mettre par écrit
Les fameuses grandeurs de ton diuin esprit:
Personne plus que moi n'aime ta renommée;
Tes liures immortels où mon ame est charmée,
Ces trésors de beautez, de graces, & d'apas,
Dont le superbe éclat triomphe du trépas,
N'ont point d'adorateurs que se fassent paresftre
Plus zelez à la gloire où tu les as fait naistre:

Ie fais mes interests de tes felicitez,
Et je ne puis souffrir de jeunes éuentez
Qui pour rauir l'honneur aux Auteurs plus celebres
Au milieu des clairtez se forment des tenebres.
Si les hommes sauans étoient recompansez,
La vertu remarquée, & que ce fust assez
Pour auoir des honneurs que d'en paréstre digne,
Tu te serois acquis une fortune insigne,
Et j'aurois le plaisir de voir de jour en jour
Le monde se presser pour te faire la cour :
Mais maintenant les vers ne sont plus en estime,
L'oreille est insensible au dous son de la rime,
Et le grand Apollon denué de suport
Voit tous ses fauoris languir sous son effort
Abandonnez des Grands qui ne tiennent plus conte
De cet art nompareil qui les âges surmonte :
Aussi ne faut il plus comme à des Immortels
Leur bâtir dans les vers un temple, & des autels,
Empescher que l'oubli dans un morne silence
Cache aux siecles futurs leur extreme vaillance,
Et laisser une preuue à la posterité
Des supremes honneurs qu'ils auront merité :
Ne nous trauaillons point d'une peine inutile ;
Tu ne dois employer les graces de ton stile
Que pour flatter l'esprit de ces rares beautez
Qui mettent dans les fers toutes les libertez,
Et donner à l'Amour des puissances nouuelles
Pour le rendre absolu dessus toutes les belles :

Les autres qui seront desireux d'acquerir
Vn bruit dans l'vniuers qui ne puisse perir,
Qu'ils caressent la Muse, & lui donnent enuie
De resiler pour eux une nouuelle vie.

ELEGIE XXXVIII.

En fin, petit ouurage, il faut borner ton cours;
Assez par ton moyen j'ai conté mes amours;
Tout le monde les sçait, & les Nimphes de Seine
Connoissent mes plaisirs aussi bien que ma peine;
Mes seruices diuers m'ont fait victorieux
De la rare beauté qui captiuoit mes yeux;
On n'a jamais parlé de si belle conqueste;
Nul Amant deuant moi n'a couronné sa teste
D'un mirthe plus illustre, & n'a point merité
D'estre si memorable à la posterité.
  Toi fauorable Amour mō vainqueur, & mō maistre,
Au lieu de tes bienfaits qui me font reconnoistre
Pour estre le premier parmi tes fauoris,
Reçoi tous mes écris de Florice, & Cloris,
Et ceux qu'un plus beau feu m'a fait depuis écrire
Pour la diuine Isis, l'honneur de ton Empire:
Si quelquefois mes vers t'ont blamé de rigueur,
Excuse un pauure Amant qui n'auoit plus de cœur,
Et ne pouuoit rien dire au milieu de ta flame
Qu'au gré des passions qui possedoient son ame.
  Vous, immortelles sœurs, qui dedans les chansons
Dissipez les ennuis de vos chers nourrissons,
                                              O Muses

O Muses je rends grace à vos saintes fonteines
Qui moderant mes feux ont amoindri mes peines;
Déesses, par vos vers j'ai fléchi la beauté
Qu'on a vu triompher de ma captiuité;
Maintenant c'en est fait, & faut qu'un autre ouurage
Me cueille des lauriers dedans votre bocage;
Assez dans l'élegie, inuincible au labeur,
J'ai par diuers sujets découuert ma douleur
Lors qu'Isis exerçoit un tiranique empire;
Il est temps de me taire, & de cesser d'écrire
Puis qu'Himen m'a rendu maistre de ma prison,
Et que de tous mes maux ayant la guerison,
J'obtiens de mes trauaux la chere recompance;
Vous sauez que l'Amour est ami du silance,
Et que c'est en secret que ses felicités
Rauissent de plaisir ceux qu'il a surmontés.
Toute chose a son temps, adieu petit ouurage;
Sans espoir de retour tu vas faire un voyage
Où mille médisans blameront tes discours,
Mais ne s'étonne pas; la mere des Amours
Se declarant pour toi m'a fait une promesse,
Que tant que les Amans la tiendroient pour Déesse
Ils t'auroient en honneur, & seroient bien-heureux
D'oüir en leurs ennuis ton langage amoureux;
L'homme tandis qu'il vit est sujet à l'enuie,
Mais cela se termine auecque notre vie;
L'œuure vit après nous, & la posterité
Récompence chacun comme il a merité.

F I N.

SONNET.

Belle Isis ma tristesse a trop de violance;
Ie meurs si prontemant je ne voi le beau jour
Où vous deuez ici par votre heureux retour
R'amener les plaisirs qu'a rauis votre absence.

Disposez vous à faire un peu de diligence;
Contentez en cela l'excez de mon amour,
Et sans plus differer venez en ce sejour
Ou chacun vous souhaite auec impatience.

Mais qu'ai-je demandé? votre extréme rigueur
Ne fera qu'augmenter ma peine, & ma langueur
Si je voy les beautez dont vous estes pourueüe:

Voyez comme l'Amour m'oste le jugemant;
Auecque passion je cherche votre veüe,
Et d'elle toutefois doit venir mon tourmant.

SONNET.

Cher objet de mes yeux, puissance incomparable;
Beauté de l'uniuers la gloire, & l'ornemant,

Depuis qu'on fait l'amour a t'on vu quelque Amant
Qui fust plus que je suis fidelle, & miserable?
   Le mal qui me fait plaindre est vraiment incurable;
Ie ne puis esperer auecque jugemant
Que votre courtoisie appaise le tourmant
Qui fait voir ma fortune à chacun déplorable.
   Plus vous me caressez plus je suis amoureux;
Lors que vous me baisez ie deuiens langoureux;
Le vent de vos soupirs rend ma flame plus forte.
   Helas qui desormais me pourroit secourir,
Et moderer un peu l'ardeur qui me transporte
Si mesme vos faueurs m'empeschent de guérir?

SONNET.

Ceux qu'on a vu pleurer au depart d'ISABELLE
Ont maintenant le bien de la voir de retour,
Et le Ciel équitable aux vœux de leur amour
A r'amené pour eux les plaisirs auec elle.
   Que le fils de Venus aidé de cette Belle
Va forcer de mutins à lui faire la cour!
Que son diuin pouuoir croistra de jour en jour,
Et qu'à de grands desseins cette beauté l'appelle.
   Tout Paris desormais sera plain d'amoureux;
Les plus gentils espris se tiendront bien-heureux
D'adorer ses apas, & de lui rendre hommage:
   Que l'éclat de ses yeux en va faire perir,
Puisque de tant d'amans qu'elle met en seruage
Un seul de sa blessure aura l'heur de guerir.

A L. MAVDVIT.
SONNET.

Qv'Amour est un dous plaisir,
Et que je reçoi de joye
De connoistre qu'il octroye
Toute chose à ton desir.

C'est un Dieu qui favorise
Tous les desseins que je fais;
La perte de ma franchise
Ne me tourmenta jamais.

Ie n'aime rien dauantage
Que de lui rendre l'hommage
Qu'il doit de tous receuoir.

Mais ce qui plus me conuie
A reuerer son pouuoir,
C'est le bon-heur de ta vie.

SVR LE TOMBEAV
d'une belle Fille.

SONNET.

Celle qui gist icy possedoit tant de charmes
Qu'elle fit soupirer les hommes, & les Dieux,
Et l'Amour en ce temps ne se bandoit les yeux
Que de peur que l'on vist qu'il repandoit des larmes.

Ceux à qui ses attraits donnoient le plus d'alarmes
Ne laissoient d'estimer leurs fers si glorieux
Qu'ils ne demãdoient point d'autre faueur aux Cieux
Que l'honneur de mourir par de si belles armes.
   Pour elle le Soleil se plaisoit d'éclairer;
La terre pour luy plaire aymoit à se parer;
Ses yeux s'étoient acquis une extréme puissance;
   Et je dirois vraymant que par un doux effort
Elle auroit tout sous-mis à son obeïssance,
Si sa grace eust charmé la rigueur de la mort.

ODE

SVR LA MORT D'VNE PRINCESSE.

CHarmes des bons esprits, delices de la vie,
   Muses la raison vous conuie
A changer en ciprès vos lauriers glorieux;
Que de vos monts fameux la cime toujours verte
D'une éternelle nuit desormais soit couverte,
Et que jamais les pleurs n'abandonnent vos yeux.
   Qu'on ne recherche point le sujet qui vous porte
A vous affliger de la sorte,
L'honneur de votre troupe est dedans le cercueil,
Vous n'auez jamais fait de plus notable perte,

Depuis cet accident votre riue est deserte,
Et vos champs desolez se sont vestus de dueil.
 Rien ne peut resister à l'empire des Parques,
Et la Vertu n'a point de marques
Qui puissent exenter l'homme de leur cizeau;
Vous n'eternisez rien des choses de ce monde,
Puis que cette Princesse à nulle autre seconde
N'a pu se garantir de la nuit du tombeau.
 Si l'extreme merite auoit le priuilege
D'arrester la faux sacrilege
Qui renuerse les Rois ainsi que les bergers,
Elle eust toujours vescu; rien n'auroit pu lui nuire,
Et vous auriez encor l'honneur de la conduire
A l'ombre des lauriers de vos sombres vergers.
 Mais la plus belle chose est la plutost perie,
La rose n'est si tost fleurie
Que l'injure du temps ruyne sa beauté,
Les plus superbes tours en bute aux coups de foudre
Sont celles que le Ciel reduit plutost en poudre,
Et rien ne dure moins que la prosperité.
 Ie sçai qu'a pas égaux sans égard de persone
La mort inflexible moissonne
Tous les peuples diuers que la terre a produits,
Et sans distinction le pauure, & le monarque
Pour un denier qu'on paye à l'infernale barque
Au royaume des morts par Charon sont conduits.
 Mais la rigueur du sort qui paroist toujours preste
A faire choir sur notre teste

Tout ce que les enfers ont de plus dangereux
Guide comme elle veut les traits qu'elle deferre,
Et laisse bien plutost viure dessus la terre
Les pauures affligez que ceux qui sont heureux.

 O gloire des mortels que ta course est soudaine !
Ce n'est qu'auec beaucoup de peine
Qu'on voit les vertueux se faire renommer,
Helas ! & ta grandeur en un momant s'efface,
Et de ton vain éclat ne reste aucune trace
Non plus que des vaisseaux qui voguent sur la mer.

 Malheureux qui s'assure aux biens de la fortune,
Et de vœux le Ciel importune
Pour son apas trompeur qui nous sçait éblouir,
Sa faueur nous attire au bord des precipices,
Et lors qu'un long trauail acquiert quelques delices
Vne soudaine mort empêche d'en-jouyr.

 Celle qui maintenant nous fait jetter des larmes
Hier étaloit tous les charmes
Dont son diuin esprit étonnoit l'vniuers,
Mais toute cette pompe au cercueil enfermée
Aujourd'hui s'est perduë ainsi qu'une fumée,
Et son corps est en proye à l'injure des vers.

 O vous de qui l'esprit se paist de vaine gloire,
Et dont l'orgueil se fait accroire
Que les felicitez ont quelque éternité,
Prenez cette Princesse ainsi qu'un bel exemple,
Et que chacun de vous desormais y contemple
L'ineuitable arrest de notre infirmité.

SONNET.

Ami tout est perdu; pour moi la Muse est morte;
Ses ruisseaux sõt taris; ma veine est en lãgueur;
Le Destin pour m'abatre use d'une rigueur
Qu'a peine un réformé dans son cloistre suporte.

En vain par le discours quelqu'un me reconforte;
Un si leger remede a trop peu de vigueur
Pour m'oster un tourmant qui me presse de sorte
Qu'un jour d'hyuer me semble excessif en longueur.

Ami que le recit de ces vers ne te trouble;
Je me trouue reduit a n'auoir pas un double;
C'est de là seulemant que mes maux sont venus:

Les Muses m'ont trompé; ma raison fut surprise;
Deuoi-je pas juger voyant leurs corps tous nuds,
Qu'elles mettent toujours leurs suiuans en chemise.

Les Eglogues

www.ingramcontent.com/pod-product-compliance
Lightning Source LLC
Chambersburg PA
CBHW070643170426
43200CB00010B/2111